धर्मनीति एवं राजधर्म का विशद विवेचन

# विदुरनीति

धर्मनीति एवं राजधर्म का विशद विवेचन

# विदुरनीति

सम्पादक

ओमप्रकाश शर्मा

वाणी प्रकाशन

प्रकाशन के उत्कृष्टतम 61 वर्ष

सजिल्द पहला संस्करण : 2024

vaniprakashan.com

वाणी प्रकाशन

*4695, 21-ए, दरियागंज, नयी दिल्ली-110 002*

*फ़ोन : + 91 11 23273167, 23275710*

**शाखाएँ**

*अशोक राजपथ, पटना-800 004, बिहार*

*कॉफ़ी हाउस कैम्पस, महात्मा गांधी मार्ग, प्रयागराज-211 001, उत्तर प्रदेश*

*महात्मा गांधी अन्तरराष्ट्रीय हिन्दी विश्वविद्यालय, वर्धा-442 001, महाराष्ट्र*

sales@vaniprakashan.in
vaniprakashan@gmail.com

Vidurneeti
*Edited by* Omprakash Sharma

ISBN : 978-93-6287-607-2
Religion and Politics



मूल्य : ₹ 495



*जी.एस. ऑफ़सेट, दिल्ली-110 095 में मुद्रित*

*वाणी प्रकाशन का लोगो मक़बूल फ़िदा हुसेन की कूची से*

# प्राक्कथन

प्राचीन भारतीय संस्कृति का मूलाधार वेद है और वैदिक संस्कृति में सज्जनों का जो आचार है, वही सदाचार कहा जाता है। इसका स्वरूप मनुस्मृति में इस प्रकार वर्णित है–

**यस्मिन् देशे य आचारः पारम्पर्यक्रमागतः।**
**वर्णानां सान्तरालानां स सदाचार उच्यते।।**

इससे स्पष्ट होता है कि देश में आप्त जनों के द्वारा आचरित आचार-व्यवहार ही वास्तविक सदाचार है। धर्मनीतिं, राजनीति और दण्डनीति इसी के परिणत फल हैं। बिना धर्मनीति की राजनीति अधूरी है। यह कहना अविवेकपूर्ण है कि राजनीति में धर्म का कोई स्थान नहीं है। वस्तुतः धर्म-नियन्त्रित राजनीति ही श्रेयस्कर है। संस्कृत-साहित्य की कृतियों में नीति-विषयक सूक्तियों की बहुलता प्राप्त होती है। महाभारतकार की तो स्पष्ट घोषणा है–**'यन्नेहास्ति न तत्क्वचित्'** अर्थात् जो यहाँ नहीं है, वह कहीं नहीं है। इन नीतियों से धर्म और दर्शन दोनों प्रभावित हैं। अनेक कवियों एवं आचार्यों ने नीति-ग्रन्थों के विकास के रूप में विविध ग्रन्थों की रचना की।

**विदुरनीति महाभारत का सर्वमान्य नीतिसर्वस्व है।**

आशा है, प्रस्तुत संस्करण पाठकों एवं सामान्य अध्येताओं के लिए उपयोगी सिद्ध होगा।

# भूमिका

'महाभारत' भारतीय संस्कृति एवं संस्कृत-साहित्य का विश्वकोष है। इसमें कौरव-पाण्डवों के युद्ध के वर्णन के साथ ही भारतवर्ष के सर्वस्व नष्ट होने का भीषण एवं विस्तृत कथा वर्णित है। 'महाभारत' के 'उद्योग पर्व' के अन्तर्गत 'प्रजागर पर्व' से लिया गया 'विदुरनीति' ग्रन्थ भारतीय संस्कृति की राजनीति से सम्बन्ध रखने वाला अमूल्य कामद कोष है, जिसके द्वारा 'महाभारत' में ही महात्मा विदुर ने पुत्रमोह में ग्रस्त जन्मना और कर्मणा अन्ध धृतराष्ट्र को उपदेश दिया था। यह ग्रन्थरत्न प्रमाण है कि लगभग पाँच हजार वर्ष बीत जाने पर भी उसे भुलाया नहीं जा सकता है।

धृतराष्ट्र विदुर का बड़ा भाई था, लेकिन ज्ञानगरिमा में दोनों में आकाश-पाताल का अन्तर था। महात्मा विदुर भगवद्भक्त, धर्मपरायण, कर्तव्याकर्तव्य का विचार करने वाले युगद्रष्टा और नीति-उपदेशक थे; जबकि धृतराष्ट्र स्वार्थपरायण, मोहान्ध, कुण्ठाग्रस्त, भाग्य के भरोसे चलने वाला, जन्मना और कर्मणा वास्तविक रूप से अन्धा था। वह अपने क्षुद्रस्वार्थ में राजा के कर्तव्य को भी भूल गया। दुर्योधन के द्वारा पाण्डवों के प्रति किये गये अन्यायों और अत्याचारों को मूक दर्शक बनकर उनका समर्थन करता रहा। उसने पुत्र को देखा, परिवार को नहीं। राष्ट्र और समाज को नहीं। उसने अपने गुरुजनों की भी अनदेखी की। उसे अन्त तक पश्चात्ताप के अतिरिक्त कुछ भी हाथ नहीं लगा।

महात्मा विदुर माण्डव्य ऋषि के शाप से पृथ्वी पर दासीपुत्र के रूप में अवतरित हुए। ये व्यास के क्षेत्रज्ञ पुत्र थे। महारानी सत्यवती ने अपनी वंश-परम्परा को आगे चलाने के लिए प्रयास किया था। पितामह भीष्म ने अपने भाई के लिए काशीराज की दो कन्याएँ अम्बिका और अम्बालिका को हरकर दोनों भाई चित्रवीर्य और विचित्रवीर्य से विवाह करवा दिया।

लेकिन आकस्मिक निधन के कारण कोई सन्तान नहीं हो सकी। सत्यवती ने अपने ही पुत्र व्यास का स्मरण किया। व्यास के विकट रूप साधने के कारण अम्बिका ने आँखें बन्द कर लीं, अतः अन्धा पुत्र धृतराष्ट्र पैदा हुआ। अम्बालिका भी उस रूप के सामने पीली पड़ गयी, अतः दूसरा पुत्र पाण्डु हुआ। इसके बाद सत्यवती ने अम्बिका की दासी को भेजा। वह हँसती-खेलती हुई व्यास के पास गयी, जिसके कारण विदुर जी पैदा हुए।

विदुर जन्मना दासीपुत्र थे, किन्तु कर्मयोगी और धर्मपरायण थे। भले ही उन्हें राज्य का भार नहीं सौंपा गया, लेकिन उन्होंने सदा राज्य का हितचिन्तन ही किया। कृष्ण ने जैसा कहा वैसा ही कर्म किया, लेकिन महात्मा विदुर वैसा नहीं कर पाये, परन्तु अपनी वाणी को सदा जागरूक रखा, उन्होंने उपेक्षा का घूँट भी पिया और न्याय के पक्ष में ही प्रयास किया। कर्मयोगी विदुर अपने कर्मों से सबके लिए आदर के पात्र बने रहे।

'विदुरनीति' 'महाभारत' का ही अंश है। 'उद्योग पर्व' के 33 से 40 अध्याय तक का यह आठ अध्याय विदुरनीति के नाम से ही जाना जाता है। दुर्योधन ने पाण्डवों के ऊपर न जाने कितने अत्याचार किये, लेकिन पाण्डव धर्मपरायणता के कारण सदा सहते रहे। उन्होंने विराटनदेश के पुरोहित को भेजा, लेकिन दुर्योधन ने उसे नहीं माना। धृतराष्ट्र ने संजय को युधिष्ठिर के पास भेजा। दूत के द्वारा रात्रि में विदुर को बुलाते हैं तथा विदुर धृतराष्ट्र के साथ जो वार्तालाप करते हैं एवं प्रश्नोत्तर का यह प्रसंग विदुरनीति के रूप में प्रसिद्ध है। यह दुर्लभ ग्रन्थरत्न है जिसमें व्यवहार, नीति, सदाचार, धर्म, सुख-दुःख प्राप्ति, त्याज्य और ग्राह्य गुणों तथा कर्मों का निर्णय, त्याग की महिमा, न्याय का स्वरूप, सत्य, परोपकार, क्षमा, अहिंसा, मित्र के लक्षण, कृतघ्न की दुर्दशा, निर्लोभता आदि का विशद वर्णन करते हुए राजधर्म का सुन्दर निरूपण किया गया है। प्रस्तुत पुस्तक अपठित, विद्वान्, मूर्ख, तरुण, वृद्ध, बालक, स्त्री-पुरुष, शासक, प्रजा, धनी, ग़रीब, विद्यार्थी, शिक्षक, सेवाव्रती और युद्ध तथा सुखी जीवन-निर्वाह चाहने वाले प्रत्येक व्यक्ति के लिए समान उपयोगी है।

इसका प्रत्येक श्लोक मानव को कल्याण के लिए उन्मुख तथा प्रवृत्त करता हुआ दीख रहा है। इसका प्रधान विषय राजधर्म का निरूपण है। अल्पमति, दीर्घसूत्री, शीघ्रता और अविवेकपूर्ण निर्णय नहीं लेना चाहिए।

राजा काम-क्रोध का त्याग करने वाला, विशेषज्ञ, शास्त्रज्ञ, कर्मनिष्ठ, सत्यपात्र में धन देने वाला और शत्रुओं के साथ यथोचित व्यवहार करने वाला होता है। राजा को स्थिति, लाभ-हानि, कोश तथा दण्ड आदि की मात्रा को जानना परम आवश्यक है। इसके बिना राज्य स्थिर नहीं रह सकता। अविश्वसनीय व्यक्ति का कभी विश्वास नहीं करना चाहिए तथा विश्वस्त पर भी अत्यन्त विश्वास नहीं करना चाहिए, क्योंकि विश्वास से भय उत्पन्न होता है, जो मूल का भी विनाश कर देता है।

राजनीति के अतिरिक्त धर्म और सदाचार का प्रतिपादक यह ग्रन्थरत्न समाज का सदा हितचिन्तन करता है। थोड़े से शब्दों में नीतिकार ने मनुष्य के लिए गागर में सागर भरने वाले कथन का दिग्दर्शन कराया है। धर्म की रक्षा सत्य से और सत्य ही सब कुछ है, इस प्रकार का व्यावहारिक ज्ञानमूलक विचार सबके सामने उपस्थित है।

विदुरनीति भारतीय संस्कृति और मानवता का मानक एवं प्रतिपादक ग्रन्थ है। भारतीय संस्कृति की सभी विशेषताएँ इसमें समाहित हैं। जीवन-मूल्यों को सुदृढ़ करने वाले अनेक विचार अनमोल मोती की तरह सर्वत्र बिखरे हुए दिखाई देते हैं। यह भाषा की सरलता, भावुकता, प्रसादगुणों का लालित्य, कान्तासम्मितोपदेश एवं सरल स्वाभाविक अलंकारों की छटा से सहृदयों के हृदय को बलात् वशीभूत करता है।

'विदुरनीति' एक नीतिशास्त्र ही नहीं, अपितु भारतीय संस्कृति का प्रतिपादक धर्म, अर्थ, काम और मोक्ष प्राप्ति का साधक, साहित्यिक अवदानों से भरा हुआ एक अमूल्य भारतीय परम्परा का लेखा-जोखा रखने वाला मानक ग्रन्थरत्न है। 'विदुरनीति' निराला है। इसके प्रत्येक अध्याय में विभिन्न विषयों के सन्दर्भ में विस्तारपूर्वक दिग्दर्शन कराया गया है।

**—सम्पादक**

# प्रथमोऽध्यायः

**वैशम्पायन जी ने कहा–**

**द्वाःस्थं प्राह महाप्राज्ञो धृतराष्ट्रो महीपतिः।**
**विदुरं द्रष्टुमिच्छामि तमिहानय मा चिरम्॥ 1॥**

हिन्दी–वैशम्पायन जी महाराज जनमेजय से कहते हैं कि महाराज! आज्ञा प्राप्त कर संजय के चले जाने के बाद राजा धृतराष्ट्र ने द्वारपाल से कहा कि मैं विदुर को देखना चाहता हूँ। उन्हें शीघ्र ही यहाँ पर ले आओ।

विशेष–विदुरनीति का सम्बन्ध 'महाभारत' से है। दुर्योधन के द्वारा द्यूतक्रीड़ा एवं अनेक दुर्नीतियों के बाद भी पाण्डवों को जानने वाले धृतराष्ट्र संजय को उनके पास भेजते हैं। वहाँ से आकर संजय पाण्डव का युद्ध में प्रवृत्त न होने का सन्देश देते हैं, इन्द्रप्रस्थादि को लौटाने की बात करते हैं। युधिष्ठिर की ओर से भगवान श्रीकृष्ण संजय से कहते हैं–कुन्तीपुत्र धृतराष्ट्र की सेवा करने के लिए उद्यत हैं तथा युद्ध करने के लिए भी तैयार हैं। इस समय धृतराष्ट्र का जो उचित कर्तव्य हो, उसका आचरण करें।

चिन्ता एवं विचार में मग्न धृतराष्ट्र द्वारपाल को विदुर को बुलाने के लिए भेजते हैं। विदुर जी धृतराष्ट्र को विविध प्रकार से पाण्डवों को न्याय एवं नीति की बातें बतलाते हैं। प्रस्तुत प्रसंग ही विदुरनीति की कथावस्तु है, जिस पर नीतिसिद्धान्त का दिग्दर्शन होता है।

**प्रहितो धृतराष्ट्रेण दूतः क्षत्तारमब्र वीत्।**
**ईश्वरस्त्वां महाराजो महाप्राज्ञ दिदृक्षति॥ 2॥**

हिन्दी–धृतराष्ट्र के द्वारा भेजे गये दूत ने विदुर से कहा–हमारे स्वामी महाराज धृतराष्ट्र आपसे मिलना चाहते हैं।

विशेष–विदुर जी दासी के पुत्र हैं। माण्डव्य ऋषि के शाप के परिण

ामस्वरूप धर्मराज शूद्र के रूप में महर्षि व्यास के तेज से उत्पन्न हुए थे। ये अत्यन्त बुद्धिमान् एवं तत्त्ववेत्ता थे। इसलिए पाण्डु एवं धृतराष्ट्र को नीति की बातें बतलाते थे।

**एवमुक्तस्तु विदुरः प्राप्य राजनिवेशनम्।**
**अब्रवीत् धृतराष्ट्राय द्वाःस्थं मां प्रतिवेदय॥3॥**

हिन्दी—दूत के वचन को सुनकर विदुर ने राजमहल में आकर द्वारपाल से कहा—मेरे आने की सूचना धृतराष्ट्र को दे दो।

विशेष—राजतन्त्र के समय राजाओं के आदेशों का पालन होता था। अतः विदुर जी राजा धृतराष्ट्र के आदेश को प्राप्त कर तत्काल राजभवन में उपस्थित हुए।

**द्वारपाल ने कहा—**

**विदुरोऽयमनुप्राप्तो राजेन्द्र! तव शासनात्।**
**द्रष्टुमिच्छति ते पादौ किं करोतु प्रशाधि माम्॥4॥**

हिन्दी—हे महाराज धृतराष्ट्र! आपकी आज्ञा से विदुर जी यहाँ आये हैं तथा वह आपको देखना चाहते हैं, मुझे आज्ञा दीजिए कि मैं क्या करूँ।

विशेष—द्वारपाल राजाओं की आज्ञाओं का पालन करता था। अतः विदुर के आने की अनुमति द्वारपाल राजा से ग्रहण करता है।

**धृतराष्ट्र ने कहा—**

**प्रवेशय महाप्राज्ञं विदुरं दीर्घदर्शिनम्।**
**अहं हि विदुरस्यास्य नाकल्पो जातु दर्शने॥5॥**

हिन्दी—महान् विद्वान् विदुर को अन्दर प्रवेश कराओ। मुझे विदुर से मिलने में कोई बाधा नहीं है। मैं उनसे मिलना चाहता हूँ।

विशेष—धृतराष्ट्र विदुर की प्रतिभा और विद्वत्ता को जानते थे। अतः हमेशा नीति एवं व्यवहार की बातों में सलाह किया करते थे।

**द्वारपाल ने कहा—**

**प्रविशान्तःपुरं क्षत्तर्महाराजस्य धीमतः।**
**न हि ते दर्शनेऽकल्पो जातु राजाऽब्रवीद्धि माम्॥6॥**

हिन्दी—धृतराष्ट्र की आज्ञा पाकर द्वारपाल ने विदुर से कहा—हे विदुर! आप बुद्धिमान् महाराज धृतराष्ट्र के अन्तःपुर में प्रवेश कीजिए। राजा धृतराष्ट्र ने मुझसे कहा है कि आपसे मिलने में कभी भी बाधा नहीं है।

**वैशम्पायन ने कहा–**

**ततः प्रविश्य विदुरो धृतराष्ट्रनिवेशनम्।**
**अब्रवीत् प्राञ्जलिर्वाक्यं चिन्तमा (या) नं नराधिपम्॥ 7॥**

हिन्दी—वैशम्पायन जी ने जनमेजय से कहा—इसके बाद विदुर धृतराष्ट्र के भवन में प्रवेश करके राजा से हाथ जोड़कर बोले।

**विदुरोऽहं महाप्राज्ञ सम्प्राप्तस्तव शासनात्।**
**यदि किञ्चन कर्तव्यमयमस्मि प्रशाधि माम्॥ 8॥**

हिन्दी—महाप्राज्ञ! मैं विदुर हूँ, आपके आदेशानुसार यहाँ आया हूँ। यदि मेरे द्वारा करणीय कोई कार्य हो, तो उसे मुझे आज्ञा दीजिए, मैं उस कार्य को करने के लिए तैयार हूँ।

**धृतराष्ट्र ने कहा–**

**सञ्जयो विदुर! प्राज्ञो गर्हयित्वा च मां गतः।**
**अजातशत्रोः श्वो वाक्यं सभामध्ये च वक्ष्यति॥ 9॥**

हिन्दी—हे विदुर! संजय आया था, मुझे नाना प्रकार से भला-बुरा कहकर गया है। कल सभा के बीच में युधिष्ठिर के सन्देश को सुनायेगा।

विशेष—अजातशत्रु युधिष्ठिर का ही नाम है। युधिष्ठिर का कोई शत्रु नहीं था। दुर्योधन भीमादि से डाह करता था। परन्तु युधिष्ठिर के प्रति उनकी भावना ग़लत न थी। युधिष्ठिर का सन्देश लेकर संजय धृतराष्ट्र के पास आया है तथा सम्पूर्ण वृत्तियों को बतलाया है। इस परिस्थिति में धृतराष्ट्र भविष्य के विषय में चिन्तित होकर नीतिमान् विदुर से इस विषय में विचार करता है।

**तस्याद्य कुरुवीरस्य न विज्ञातं वचो मया।**
**तन्मे दहति गात्राणि तदकार्षीत् प्रजागरम्॥10॥**

हिन्दी—मैं आज तक उस युधिष्ठिर की बातों को समझ नहीं सका हूँ।

मेरा शरीर जल रहा है तथा नींद भी नहीं आ रही है, अतः जाग रहा हूँ।

विशेष—यहाँ पर प्रजागर शब्द धृतराष्ट्र के लिए बहुत उपयुक्त है। व्यक्ति मोहादि कारणों से चिन्तित होता है तथा उसे नींद नहीं आती है। धृतराष्ट्र को भी मोहादि के कारण नींद नहीं आती थी। अतः जागता रहता था।

**जाग्रतो दह्यमानस्य श्रेयो यदनुपश्यसि।**
**तद् ब्रूहि त्वं हिं नस्तात धर्मार्थकुशलो ह्यसि॥11॥**

हिन्दी—विदुर जी! चिन्ता से जलकर जागते हुए मेरे लिए जो कल्याण ाकारक हो, कहो। तुम धर्मार्थ में कुशल हो।

विशेष—विदुर को विशेष धर्मार्थ कुशल बतलाया है। साथ ही जिससे कुछ ग्रहण करने की इच्छा होती है, उसकी प्रशंसा करना भी लोकाचार एवं शिष्टजनों का व्यवहार है।

**यतः प्राप्तः सञ्जयः पाण्डवेभ्यो न मे यथावन्मनसः प्रशान्तिः।**
**सर्वेन्द्रियाण्यप्रकृतिं गतानि किं वक्ष्यतीत्येव मेऽद्य प्रचिन्ता॥12॥**

हिन्दी—जब से संजय पाण्डवों के पास से आया है, उस समय से मेरे मन में शान्ति नहीं है। मेरी सभी इन्द्रियाँ विकल हो रही हैं, मुझे चिन्ता खाये जा रही है।

विशेष—चिन्ता की ज्वाला बड़ी तीव्र होती है, मनुष्य चिन्ता में पड़ जाने के बाद केवल छटपटाहट ही अनुभव करता है। अतः इससे बचने के लिए हमेशा उपाय करता है।

**विदुर ने कहा—**

**अभियुक्तं बलवता दुर्बलं हीनसाधनम्।**
**हृतस्वं कामिनं चौरमाविशन्ति प्रजागराः॥13॥**

हिन्दी—जिस मनुष्य को कमज़ोर और हीनसाधन रहने के बाद बलवान् के साथ विरोध हो जाता है तथा जिसका सब कुछ ले लिया गया है, ऐसे व्यक्ति और चोर को जागने का रोग लग ही जाता है।

विशेष—बलवान् के साथ विरोध होने के बाद कमज़ोर को भय के कारण नींद नहीं आती है। चौर-कार्य रात्रि में ही सम्भव है, कामी

लोग रात्रि में जागते हैं। इन कारणों से रात्रि-जागरण स्वाभाविक हो जाता है।

**कच्चिदेतैर्महादोषैर्न स्पृष्टोऽसि नराधिप।**
**कच्चिच्च परवित्तेषु गृध्यन्न परितप्यसे॥ 14॥**

हिन्दी—हे महाराज धृतराष्ट्र! आप कहीं पर महादोषों के सम्पर्क में तो नहीं आ गये हैं, आपको किसी धन में लोभ तो नहीं हो गया, जिसके कारण आप दुखी हो रहे हैं।

विशेष—मनुष्य लोभ एवं मोह में फँसकर विवेक खो बैठता है। इसलिए विदुर जी धृतराष्ट्र से उपर्युक्त दोषों के विषय में संकेत करते हैं।

**धृतराष्ट्र ने कहा—**

**श्रोतुमिच्छामि ते धर्म्यं परं नैःश्रेयसं वचः।**
**अस्मिन् राजर्षिवंशे हि त्वमेकः प्राज्ञसम्मतः॥ 15॥**

हिन्दी—हे विदुर! मैं आपके धर्मयुक्त एवं कल्याणकारक वचनों को सुनना चाहता हूँ। इस वंश में एकमात्र आप ही सर्वसम्मत विद्वान् हैं तथा विद्वानों के द्वारा भी मान्य हैं।

विशेष—किसी वस्तु या व्यक्ति की मान्यता तब होती है, जब उसे विद्वान् भी स्वीकार कर लेते हैं। इस दृष्टि से विदुर पण्डितों में भी पण्डित हैं। उनका वचन सर्वग्राह्य है। अतः धृतराष्ट्र कल्याणकारक वचन उनसे सुनना चाहते हैं।

**विदुर ने कहा—**

**राजलक्षणसम्पन्नस्त्रैलोक्यस्याधिपो भवेत्।**
**प्रेष्यस्ते प्रेषितश्चैव धृतराष्ट्र! युधिष्ठिरः॥16॥**

हिन्दी—हे राजन्! सभी प्रकार के राजचिह्नों से युक्त युधिष्ठिर तीनों लोकों के राजा हो सकते हैं। वह आपके आज्ञाकारी भी हैं, लेकिन आपने उन्हें वन में भेज दिया।

विशेष—उपयुक्त मनुष्य का उचित स्थान पर विनियोग होने पर मणिकांचन योग बनता है। यदि इसका विनियोग नहीं होता है तो बात बिगड़ जाती है। यही परिस्थिति धृतराष्ट्र के सामने है।

**विपरीततरश्च त्वं भागधेये न सम्मतः।**
**अर्चिषां प्रक्षयाच्चैव धर्मात्मा धर्मकोविदः॥ 17॥**

हिन्दी–महाराज धृतराष्ट्र! धर्मात्मा और धर्म को जानते हुए भी आँखों में रोशनी नहीं होने के कारण आप युधिष्ठिर के विपरीत हो गये तथा उनका भागधेय अंश देने के लिए सम्मत नहीं हुए।

विशेष–दुर्योधन के अत्याचार को राजा होने के कारण उचितानुचित का विचार कर सकते थे। लेकिन पुत्रमोह तथा राज्यलोभ ने ज्ञानहीन बना दिया। जिसके कारण अनेक अत्याचार हुए और महाभारत जैसा युद्ध भी हुआ, जिसमें भारत का सर्वस्व स्वाहा हो गया।

**आनृशंस्यादनुक्रोशाद् धर्मात् सत्यात् पराक्रमात्।**
**गुरुत्वात् त्वयि सम्प्रेक्ष्य बहून् क्लेशांस्तितिक्षते॥18॥**

हिन्दी–युधिष्ठिर में क्रूरता का अभाव, दयालुता, धर्म, सत्य, पराक्रम इत्यादि गुणों से युक्त आपमें गुरुभाव को रखने के बाद भी बहुत अधिक क्लेशों को सहन कर रहे हैं।

विशेष–यद्यपि विदुर का सम्बन्ध युधिष्ठिर और दुर्योधन के प्रति समान ही था, परन्तु सद्गुणों के प्रति झुकाव होना स्वाभाविक था। युधिष्ठिर के प्रति हो रहे अत्याचारों का धृतराष्ट्र को स्मरण दिलाकर वह उसे उचितानुचित बतला रहे हैं।

**दुर्योधने सौबले च कर्णे दुःशासने तथा।**
**एतेष्वैश्वर्यमाधाय कथं त्वं भूतिमिच्छसि॥19॥**

हिन्दी–आप दुर्योधन, शकुनि, कर्ण और दुःशासन के ऊपर राज्यकार्य सौंपकर राज्य की उन्नति कैसे चाहते हैं?

विशेष–योग्य व्यक्ति के ऊपर उत्तरदायित्व रहने पर उन्नति की कामना की जा सकती है, अयोग्य तो सदा अयोग्यता की बातें सोचकर अपना और दूसरों का अकल्याण ही सोचता है।

**पण्डितों के लक्षण–**

**आत्मज्ञानं समारम्भस्तितिक्षा धर्मनित्यता।**
**यमर्था नापकर्षन्ति स वै पण्डित उच्यते॥20॥**

हिन्दी—आत्मज्ञानानुसार उद्योग करना, दुःख सहन करने की क्षमता रखना, धर्मानुराग के साथ जिसे धर्म, अर्थ, काम, मोक्ष च्युत नहीं करते हैं, उन्हीं को पण्डित कहा जाता है।

विशेष—मनुष्य में कुछ विशिष्ट एवं कुछ सामान्य गुण होते हैं। पुरुषार्थ के वशीभूत होना स्वाभाविक है, लेकिन उत्तम मनुष्य उसे छोड़ देते हैं तथा आत्मज्ञान के अनुकूल धर्मानुराग रखते हैं।

**निषेवते प्रशस्तानि निन्दितानि न सेवते।**
**अनास्तिकः श्रद्दधान एतत् पण्डितलक्षणम् ॥21॥**

हिन्दी—अच्छे गुणों का सेवन करना, अशुभ कर्मों का त्याग करना, आस्तिकता और श्रद्धावान् होना ये सब पण्डितों के लक्षण हैं।

विशेष—सदसद्विवेक करने वाले व्यक्ति ही पण्डित कहलाते हैं।

**क्रोधी हर्षश्च ह्रीः स्तम्भो मान्यमानिता।**
**यमर्थान् नापकर्षन्ति स वै पण्डित उच्यते॥22॥**

हिन्दी—क्रोध, हर्ष, अहंकार, लज्जा, उद्दण्डता तथा अपने को मान्य समझने की भावना जिसको आकर्षित नहीं करती, वही मनुष्य पण्डित कहलाता है।

विशेष—विशिष्ट वस्तु प्राप्त करने के बाद अहंकार का आना स्वाभाविक है। लेकिन जो व्यक्ति उसके अधीन नहीं होते हैं, वही पण्डित कहलाते हैं।

**यस्य कृत्यं न जानन्ति मन्त्रं वा मन्त्रितं परे।**
**कृतमेवास्य जानन्ति स वै पण्डित उच्यते॥23॥**

हिन्दी—अन्य लोग जिसके किये हुए कार्य को, गोपनीय मन्त्र एवं उसके फल को पहले नहीं जानते हैं, कार्य-समाप्ति के बाद ही जानते हैं; वही पण्डित कहलाता है।

**यस्य कृत्यं न विघ्नन्ति शीतमुष्णं भयं रतिः।**
**समृद्धिरसमृद्धिर्वा स वै पण्डित उच्यते॥24॥**

हिन्दी—जिसे सर्दी, गरमी, भय और रति विघ्न नहीं डालते हैं; समृद्धि और अभाव के समय में कोई अन्तर नहीं होता, उसे ही पण्डित कहते हैं।

विशेष—महान् मनुष्य सभी समय एकरूप में रहते हैं, उसमें कभी किसी अवस्था में विकृति नहीं होती—"सम्पत्तौ च विपत्तौ च महतामेकरूपता"।

**यस्य संसारिणी प्रज्ञा धर्मार्थावनुवर्तते।**
**कामादथ वृणीते यः स वै पण्डित उच्यते॥25॥**

हिन्दी—जिसकी बुद्धि धर्म और अर्थ का ही अनुगमन करती है, जो पुरुषार्थ को ही वरण करता है, वही पण्डित कहलाता है।

**यथाशक्ति चिकीर्षन्ति यथाशक्ति च कुर्वते।**
**न किञ्चिदवमन्यन्ते नराः पण्डितबुद्धयः॥26॥**

हिन्दी—अपनी शक्ति के अनुसार जो कार्य करना चाहते हैं और शक्ति के अनुसार कार्य करते हैं, किसी का भी अपमान नहीं करते हैं, वे पण्डित माने जाते हैं।

**क्षिप्रं विजानाति चिरं शृणोति विज्ञाय चार्थं भजते न कामात्।**
**नासम्पृष्टो व्युपयुङ्क्ते परार्थे तत् प्रज्ञानं प्रथमं पण्डितस्य॥27॥**

हिन्दी—पण्डित किसी बात को शीघ्र समझता है, परन्तु देर तक सुनता है, पुरुषार्थ को जानकर सेवन करता है, कामना से नहीं; बिना पूछे हुए कुछ कहता नहीं है, व्यर्थ दूसरे के विषय में बातें नहीं करता है। इस प्रकार के स्वभाववाले व्यक्ति को ही पण्डित समझना चाहिए।

विशेष—पण्डित आत्मज्ञानी, व्यवहारविद् एवं परमार्थचिन्तक होते हैं। इसलिए व्यर्थ की बातें नहीं करते। कर्तव्य की कभी उपेक्षा भी नहीं करते।

**नाप्राप्यमभिवाञ्छन्ति नष्टं नेच्छन्ति शोचितुम्।**
**आपत्सु च न मुह्यन्ति नराः पण्डितबुद्धयः॥ 28॥**

हिन्दी—पण्डित लोग अप्राप्त वस्तुओं को प्राप्त करने की इच्छा नहीं करते हैं, नाशवान् वस्तु के प्रति शोक नहीं करते तथा आपत्तिकाल में घबराते नहीं हैं।

विशेष—दर्शनों के अनुसार, इस क्षणभंगुर संसार में कोई सत्य नहीं है। अतः असत्य के लिए इच्छा करना, शोक करना ठीक नहीं है। संकट तो सबके ऊपर आता है, देवताओं को भी नहीं छोड़ता। पण्डित लोग किसी भी परिस्थिति में अपनी गम्भीरता और शान्ति को नहीं खोते हैं।

**निश्चित्य यः प्रक्रमते नान्तर्वसति कर्मणः।**
**अवन्ध्यकालो वंश्यात्मा स वै पण्डित उच्यते॥ 29॥**

हिन्दी—जो किसी कार्य को निश्चय करके प्रारम्भ करता है, आरम्भ हुए कार्य को बीच में नहीं रोकता, समय व्यर्थ न बिताने वाला आत्मसंयमी पण्डित कहलाता है।

विशेष—उत्तम जन किसी कार्य को प्रारम्भ कर छोड़ते नहीं, समापन के बाद ही रुकते हैं। वे समय व्यर्थ नहीं बिताते।

**आर्यकर्मणि रज्यन्ते भूतिकर्माणि कुर्वते।**
**हितं च नाभ्यसूयन्ति पण्डिता भरतर्षभ!॥ 30॥**

हिन्दी—हे भरतश्रेष्ठ धृतराष्ट्र! पण्डित लोग श्रेष्ठ कार्यों में अनुराग रखते हैं, उन्नति के कार्य करते हैं, हित करने वालों में दोष नहीं देखते।

**न हृष्यत्यात्मसम्माने नावमानेन तप्यते।**
**गाङ्गो ह्रद इवाक्षोभ्यो यः स पण्डित उच्यते॥ 31॥**

हिन्दी—आत्मसम्मान होने पर जिसके हृदय में हर्ष नहीं होता और अपमान होने पर जिन्हें कष्ट नहीं होता, गंगा के ह्रद, मानसरोवर के समान सदा क्षोभ न रखने वाला पण्डित कहलाता है।

**तत्त्वज्ञः सर्वभूतानां योगज्ञः सर्वकर्मणाम्।**
**उपायज्ञो मनुष्याणां नरः पण्डित उच्यते॥ 32॥**

हिन्दी—सभी भौतिक पदार्थों के तत्त्व को जानने वाला, सभी कर्मों की युक्ति को जानने वाला तथा सभी मनुष्यों के उपाय को जानने वाला ही पण्डित कहलाता है।

**प्रवृत्तवाक् विचित्रकथ ऊहवान् प्रतिभानवान्।**
**आशु ग्रन्थस्य वक्ता च यः स पण्डित उच्यते॥ 33॥**

हिन्दी—धाराप्रवाह एवं अलौकिक शैली में बोलने वाले, प्रतिभासम्पन्न, तर्क-वितर्क करने वाले तथा शीघ्र ही किसी ग्रन्थ के विषय में बोलने वाले व्यक्ति को पण्डित कहते हैं।

**श्रुतं प्रज्ञानुगं यस्य प्रज्ञा चैव श्रुतानुगा।**
**असम्भिन्नार्यमर्यादः पण्डिताख्यां लभेत सः॥ 34॥**

हिन्दी—जिसकी विद्या शास्त्रादि बुद्धि का अनुगमन करती है और बुद्धि विद्या का तथा जो बुद्धि महाजनों की मर्यादा का उल्लंघन नहीं करती है, उसे पण्डित की पदवी की प्राप्ति होती है।

विशेष—पण्डित कोई जाति नहीं, अपितु गुण-गणों का समावेश है। जिसमें इस प्रकार के गुण-गण समुदायों का समावेश हो जाता है, उसे पण्डित कहते हैं। गुणों के आधार पर ही निर्धारण किया जाता है।

**मूर्ख के लक्षण—**

**अश्रुतश्च समुन्नद्धो दरिद्रश्च महामनाः।**
**अर्थांश्चाकर्मणा प्रेप्सुर्मूढ इत्युच्यते बुधैः॥ 35॥**

हिन्दी—बिना शास्त्र पढ़ा हुआ, अभिमान करने वाला, दरिद्र होने के बाद भी श्रेष्ठजन समझने वाला, बिना कर्म किये हुए धन की इच्छा रखने वाले को विद्वज्जन लोग मूर्ख कहते हैं।

विशेष—मूर्ख में परस्पर विरुद्ध धर्म पाये जाते हैं। वह पढ़ता नहीं लेकिन अभिमान बहुत रखता है। वह दरिद्र होता है लेकिन कुछ करता नहीं है लेकिन अधिकाधिक धन चाहता है—ऐसे आचरणवाले को मूर्ख समझना चाहिए।

**स्वमर्थं यः परित्यज्य परार्थमनुतिष्ठति।**
**मिथ्या चरति मित्रार्थे यश्च मूढः स उच्यते॥ 36॥**

हिन्दी—जो अपने कर्तव्य को छोड़कर दूसरे के कार्य को करता है तथा मित्र के प्रति मिथ्या आचरण करता है, उसे मूर्ख कहते हैं।

विशेष—मूर्ख अपने कर्मों को झाँकता भी नहीं, दूसरों के कार्यों में दोष निकालता रहता है तथा मित्रों से विश्वासघात करता है। ऐसे लोग मूर्ख कहलाते हैं।

**अकामान् कामयति यः कामयानान् परित्यजेत्।**
**बलवन्तं च यो द्वेष्टि तमाहुर्मूढचेतसम्॥ 37॥**

हिन्दी—जो न चाहने वालों को चाहता है, चाहने वालों को छोड़ देता है तथा अपने से बड़ों से वैर रखता है, उसे 'मन्दबुद्धिवाला' मूर्ख कहते हैं।

विशेष—जो वर्तमान से सन्तुष्ट नहीं तथा भविष्य के लिए चिन्ताकुल

है, प्राप्त वस्तुओं में सन्तोष नहीं करता तथा अप्राप्य के लिए परेशान रहता है, अपनी शक्ति को जाने बिना बलवान् से वैर रखता है; ऐसा विरुद्ध धर्मों का आचरण करने वाला मूर्ख कहलाता है।

**अमित्रं कुरुते मित्रं मित्रं द्वेष्टि हिनस्ति च।**
**कर्म चारभते दुष्टं तमाहुर्मूढचेतसम्॥ 38॥**

हिन्दी—जो शत्रु को मित्र बनाता है, मित्र से द्वेष करता है और उसे दुःख देता है तथा दुष्ट कर्मों को प्रारम्भ करता है, उसे मूर्ख कहते हैं।

विशेष—शत्रु कभी मित्र नहीं बन सकता, यदि वह किसी कारणवश बन भी जाता है तो अवसर आने पर धोखा दे सकता है। ऐसे मनुष्य नीतिकार की दृष्टि में मूर्ख होते हैं।

**संसारयति कृत्यानि सर्वत्र विचिकित्सते।**
**चिरं करोति क्षिप्रार्थे स मूढो भरतर्षभ॥ 39॥**

हिन्दी—हे धृतराष्ट्र! जो अपने कर्मों को व्यर्थ फैला देता है, सर्वत्र सन्देह करता है तथा शीघ्र करने योग्य कार्यों को करने में देर करता है, वह मूर्ख है।

विशेष—आवश्यक, उचित एवं समय से अपने कर्मों का निर्वाह करना चाहिए। असमय का कोई कार्य अच्छा नहीं होता। ऐसा नहीं करने वाला उपहास का पात्र होता है।

**श्राद्धं पितृभ्यो न ददाति दैवतानि च नार्चति।**
**सुहृन्मित्रं न लभते तमाहुर्मूढचेतसम्॥ 40॥**

हिन्दी—जो पितरों का श्राद्ध नहीं करता तथा देवताओं का पूजन नहीं करता, प्रिय एवं हितकारी मित्र को नहीं बनाता, उसे मूर्ख कहते हैं।

विशेष—मनुष्य के पास तीन प्रकार के ऋण रहते हैं—देवऋण, पितृऋण एवं ऋषिऋण। देवऋण से उद्धार देवताओं के प्रति पूजन-हवनादि, पितृऋण से उद्धार पितरों के श्राद्ध करने से तथा ऋषिऋण से उद्धार वंशपम्परा का निर्वाह से होता है। मनुष्य को इन तीनों ऋणों से मुक्त होने के लिए प्रयास करना चाहिए।

**अनाहूतः प्रविशति अपृष्टो बहु भाषते।**
**अविश्वस्ते विश्वसिति मूढचेता नराधमः॥ 41॥**

हिन्दी—मूर्ख चित्तवाला नराधम व्यक्ति बिना बुलाये ही प्रवेश करता है, बिना पूछे ही बोलता है तथा अविश्वस्त पर विश्वास करता है।

विशेष—बिना पूछे किसी से नहीं बोलना चाहिए। दुष्टों का हृदय एवं व्यवहार इससे भिन्न होता है। उसके पास अपना कोई सिद्धान्त नहीं होता, दूसरों के कार्य में सदा बाधा करना उसका स्वभाव होता है। अतः उसका कार्य सराहनीय नहीं होता है।

**परं क्षिपति दोषेण वर्त्तमानः स्वयं तथा।**
**यश्च क्रुध्यत्यनीशानः स च मूढतमो नरः॥ 42॥**

हिन्दी—जो स्वयं दोष में रहता है, दूसरों पर आक्षेप करता है तथा असमर्थ रहते हुए भी क्रोध करता है, उस मनुष्य को मूर्खतम कहते हैं।

विशेष—आचारहीन को वेद भी पवित्र नहीं कर सकता है, जो आचारवान् है, वही विद्वान् है।

**आत्मनो बलमज्ञाय धर्मार्थपरिवर्जितम्।**
**अलभ्यमिच्छन्नैष्कर्म्यान्मूढबुद्धिरिहोच्यते॥ 43॥**

हिन्दी—जो अपनी शक्ति को नहीं जानते हुए धर्म-अर्थ के विरुद्ध तथा अप्राप्त वस्तु को बिना कर्म किये चाहने वाला मूर्ख कहलाता है।

विशेष—संसार में धर्म, अर्थ, काम और मोक्ष चार प्रकार के पुरुषार्थ होते हैं। उन्हें प्राप्त करने का प्रयास करना चाहिए। कर्म के अनुसार फल की इच्छा करनी चाहिए। कर्म के अभाव में फल चाहने वाला मूर्ख कहलाता है।

**अशिष्यं शास्ति यो राजन् यश्च शून्यमुपासते।**
**कदर्यं भजते यश्च तमाहुर्मूढचेतसम्॥ 44॥**

हिन्दी—हे राजन्! जो अनधिकारी शिष्य को ज्ञान देता है, अमूर्त की उपासना करता है तथा कायरतापूर्ण कार्यों को करता है, उसे मूढ़ चित्तवाला कहते हैं।

विशेष—शिष्य चार प्रकार के होते हैं—आर्त, जिज्ञासु, अर्थार्थी और ज्ञानी। इनमें जो किसी प्रकार में नहीं आता हो, उसे उपदेश देना व्यर्थ होता है। ज्ञान

तब तक न दिया जाये जब तक शिष्यत्व को स्वीकार नहीं करता है।

**अर्थं महान्तमासाद्य विद्यामैश्वर्यमेव वा।**
**विचरत्यसमुन्नद्धो यः स पण्डित उच्यते॥ 45॥**

हिन्दी—जो अत्यधिक धन, विद्या एवं ऐश्वर्य को प्राप्त करके भी अभिमानरहित होकर विचरण करता है, वह पण्डित कहलाता है।

विशेष—प्रभुता मिलने के बाद अभिमान होता ही है, लेकिन पण्डित जन सब कुछ प्राप्त करने के बाद भी निर्लिप्त रहते हैं और कर्तव्यबुद्ध्या व्यवहार का निर्वाह करते हैं।

**एकः सम्पन्नमश्नाति वस्ते वासश्च शोभनम्।**
**योऽसंविभज्य भृत्येभ्यः को नृशंसतरस्ततः॥ 46॥**

हिन्दी—जो व्यक्ति अपने नौकरों में सुन्दर वस्त्र, स्वादु भोजन को बिना बाँटकर अकेला उपभोग करता है, उससे क्रूरतर कौन हो सकता है?

विशेष—मनुष्य को चाहिए कि प्राप्त सुन्दर वस्तुओं को परस्पर बाँटकर उपभोग करे। 'भगवद्गीता' में कहा गया है—जो अपना भोजन स्वयं पकाकर स्वयमेव खा जाता है, वह पाप का संग्रह करता है।

**एकः पापानि कुरुते फलं भुङ्क्ते महाजनः।**
**भोक्तारो विप्रमुच्यन्ते कर्ता दोषेण लिप्यते॥ 47॥**

हिन्दी—व्यक्ति अकेला पाप करता है, किन्तु उसका फल अनेक व्यक्ति भोगते हैं, फल-भोग करने वाले दोषमुक्त हो जाते हैं। लेकिन कर्ता दोषों का भागी बना रहता है।

**एकं हन्यान्न वा हन्यादिषुर्मुक्तो धनुष्मता।**
**बुद्धिर्बुद्धिमतोत्सृष्टा हन्याद् राष्ट्रं सराजकम्॥ 48॥**

हिन्दी—धनुषधारी के द्वारा छोड़ गया बाण एक को मारे अथवा न मारे, परन्तु एक बुद्धिमान् व्यक्ति द्वारा प्रयोग की गयी बुद्धि राजा सहित सम्पूर्ण राष्ट्र का नाश कर सकती है।

विशेष—बुद्धिबल ही सर्वश्रेष्ठ है। बलवान् का बल घात-प्रतिघात कर सकता है, लेकिन बुद्धिबल का प्रभाव और शक्ति बहुत भयंकर होती है।

जिसे शारीरिक बलवाला नहीं कर सकता, वह बुद्धिबल के प्रभाव से बहुत सरल एवं सम्भव हो जाता है।

**एकया द्वे विनिश्चित्य त्रींश्चतुर्भिर्वशे कुरु।**
**पञ्च जित्वा विदित्वा षट् सप्त हित्वा सुखी भव॥ 49॥**

हिन्दी—एक बुद्धि से कर्तव्य-अकर्तव्य दो का निश्चय करके राजनीति के चार अंगों द्वारा शत्रु, मित्र और उदासीन तीन को वश में करो। पाँचों इन्द्रियों को वश में करके राजनीति के छह अंगों द्वारा सात प्रकार के व्यसनों को छोड़कर सुखी हो जाओ।

विशेष—इस एक छोटे से श्लोक में नीतिकार ने गागर में सागर भर दिया है।

**एकं विषरसो हन्ति शस्त्रेणैकश्च वध्यते।**
**सराष्ट्रं सप्रजं हन्ति राजानं मन्त्रविप्लवः॥ 50॥**

हिन्दी—विष खाने से एक ही मरता है, शस्त्र के द्वारा भी एक की हत्या हो सकती है, किन्तु मन्त्रणा का प्रसार हो जाने से सम्पूर्ण राष्ट्र के साथ प्रजा एवं राजा भी नष्ट हो जाता है।

विशेष—जिसके पास बुद्धि है, बल उसी के पास होता है। अतः बुद्धि के द्वारा किये गये प्रहार से बलवान् से भी बलवान् शत्रु का संहार हो जाता है। इसलिए बुद्धि का ही वैभव सर्वत्र दिखाई देता है।

**एकः स्वादु न भुञ्जीत एकश्चार्थान्न चिन्तयेत्।**
**एको न गच्छेदध्वानं नैकः सुप्तेषु जागृयात्॥ 51॥**

हिन्दी—अकेले स्वादिष्ट वस्तुओं का भोजन नहीं करना चाहिए, अकेले चिन्तनीय विषयों पर विचार नहीं करना चाहिए, अकेले मार्ग में नहीं चलना चाहिए तथा अकेले सोये हुए मनुष्य को नहीं जगाना चाहिए।

विशेष—स्वादिष्ट भोजन का आनन्द अकेले नहीं लिया जा सकता, अतः सबको मिलकर स्वादिष्ट भोजन करना चाहिए। गम्भीर विषयों पर अकेले विचार नहीं किया जा सकता, अतः सबको मिलकर विचार करना चाहिए, अकेले मार्ग में जाने से नीरसता आ सकती है, अतः समूह में यात्रा करने में आनन्द मिलता है। सोये हुए को अकेले जगाने से उठने के बाद

विपरीत प्रतिक्रिया हो सकती है, अतः प्रतीक्षा करनी चाहिए।

**एकमेवाद्वितीयं तद् यद् राजन् नावबुद्ध्यसे।**
**सत्यं स्वर्गस्य सोपानं पारावारस्य नौरिव॥ 52॥**

हिन्दी—राजन्! जिस प्रकार समुद्र को पार करना नौका के द्वारा ही सम्भव है, उसी प्रकार स्वर्ग के सोपान स्वरूप सत्य ही एकमात्र साधन है, किन्तु आप उसे नहीं जानते हैं।

विशेष—सत्य की ही विजय होती है, झूठ की नहीं। लेकिन सांसारिक व्यक्ति उसे समझता नहीं है। सत्य को ही सर्वोपरि मानकर लक्ष्य-निर्धारण करना चाहिए।

**एकः क्षमावतां दोषो द्वितीयो नोपपद्यते।**
**यदेनं क्षमया युक्तमशक्तं मन्यते जनः॥ 53॥**

हिन्दी—क्षमाशील पुरुषों में एक ही दोष यह होता है कि व्यक्ति उसे अशक्त मान लेता है, कोई दूसरा दोष उसमें दिखाई नहीं देता।

विशेष—सहनशक्ति के समान दूसरा साधन नहीं है। यह सहनशक्ति निर्बलों का बल एवं बलवानों का भूषण है। इसी बात को नीतिकार ने बतलाया है।

**सोऽस्य दोषो न मन्तव्यः क्षमा हि परमं बलम्।**
**क्षमा गुणो ह्यशक्तानां शक्तानां भूषणं क्षमा॥ 54॥**

हिन्दी—क्षमावान् व्यक्ति का वह दोष नहीं मानना चाहिए, क्योंकि क्षमा असमर्थ का बल और समर्थ व्यक्ति का अलंकार है।

**क्षमा वशीकृतिर्लोके क्षमया किं न साध्यते।**
**शान्तिखड्गः करे यस्य किं करिष्यति दुर्जनः॥ 55॥**

हिन्दी—लोक में क्षमा सभी को वश में करने वाली है, क्षमा के द्वारा क्या नहीं सिद्ध होता है? जिसके हाथ में शान्तिरूपी तलवार है, उसका दुर्जन क्या कर सकेगा?

विशेष—क्षमा एक ऐसा अपूर्व अस्त्र है जिसके द्वारा सब कुछ सिद्ध हो सकता है। क्षमाशील मनुष्य ने इसी गुण के बल पर अपना सब कुछ सिद्ध करके दिखलाया।

**अतृणे पतितो वह्निः स्वयमेवोपशाम्यति।**
**अक्षमावान् परं दोषैरात्मानं चैव योजयेत्॥ 56॥**

हिन्दी—जैसे तृण रहित स्थान में आग लगने से अपनेआप शान्त हो जाती है, उसी प्रकार क्षमारहित व्यक्ति भी दूसरे को तथा अपने को भी दोष का भागी बना लेता है।

विशेष—जिस प्रकार अग्नि को जलते रहने के लिए लकड़ी की आवश्यकता होती है, उसी प्रकार क्षमावान् मनुष्य के सामने दुर्जनों का क्रोध भी अपनेआप शान्त हो जाता है।

**एको धर्मः परं श्रेयः क्षमैका शान्तिरुत्तमा।**
**विद्यैका परमा तृप्तिरहिंसैका सुखावहा॥ 57॥**

हिन्दी—एकमात्र धर्म ही कल्याणकारी है, एकमात्र क्षमा ही शान्ति का सर्वश्रेष्ठ उपाय है, एकमात्र विद्या ही परम सन्तोष देने वाली है तथा एकमात्र अहिंसा ही सुख देने वाली है।

विशेष—ज्ञानी और भक्त में यही अन्तर होता है कि भक्त एकमात्र उसी वस्तु को जानता है तथा उसी के द्वारा अपना कल्याण चाहता है। ज्ञानी उसको भी जानता है तथा उसके द्वारा अपनी समस्याओं का उपाय भी ढूँढ़ता है।

**द्वाविमौ ग्रसते भूमिः सर्पो बिलशयानिव।**
**राजानं चाविरोद्धारं ब्राह्मणं चाप्रवासिनम्॥ 58॥**

हिन्दी—बिल में रहने वाले जीवों को जैसे सर्प खा लेता है, वैसे ही विरोध नहीं करने वाले राजा को और प्रवास से भयभीत होने वाले ब्राह्मण को समय खा जाता है।

विशेष—राजा को शत्रुओं से विरोध रखना ही पड़ता है, उसी प्रकार ब्राह्मण को देश का कल्याण करने के लिए प्रवास करना ही पड़ेगा, जो ब्राह्मण प्रवास से डरता है, उस ब्राह्मण का ब्राह्मणत्व ही समाप्त हो जाता है अर्थात् वह भी नष्ट हो जाता है। ब्राह्मणों का शरीर ज्ञान, तपस्या तथा अनन्त सुख की प्राप्ति के लिए होता है।

**द्वे कर्मणी नरः कुर्वन्नस्मिंल्लोके विरोचते।**
**अब्रुवन् परुषं किञ्चिदसतोऽनर्चयंस्तथा॥ 59॥**

हिन्दी—इस संसार में दो कर्मों को करने वाला व्यक्ति ही सुशोभित होता है—थोड़ा भी कठोर नहीं बोलने वाला तथा दुर्जनों का सत्कार न करने वाला।

विशेष—सदा प्रिय बोलना चाहिए। इसके द्वारा सभी प्राणी संतुष्ट हो जाते हैं। दुर्जनों के सम्मान से अनर्थ ही होता है। सर्प को दूध पिलाने से केवल विष ही बढ़ता है। अतः दुर्जनों का सत्कार नहीं करना चाहिए।

**द्वाविमौ पुरुषव्याघ्र परप्रत्ययकारिणौ।**
**स्त्रियः कामितकामिन्यो लोकः पूजितपूजकः॥ 60॥**

हिन्दी—हे पुरुषसिंह धृतराष्ट्र! इस संसार में दो प्रकार के लोग दूसरों पर विश्वास करने वाले होते हैं। पहला दूसरी स्त्री द्वारा चाहने वाले पुरुष को चाहने वाली स्त्रियाँ और दूसरा पूज्य व्यक्ति की पूजा करने वाला व्यक्ति।

**द्वाविमौ कण्टकौ तीक्ष्णौ शरीरपरिशोषिणौ।**
**यश्चाधनः कामयते यश्च कुप्यत्यनीश्वरः॥ 61॥**

हिन्दी—निर्धन रहते हुए भी धन की कामना करना तथा असमर्थ होते हुए भी क्रोध करना—ये दोनों ही बातें संसार में शरीर को सुखाने वाले नुकीले काँटे के समान हैं।

**द्वाविमौ न विराजेते विपरीतेन कर्मणा।**
**गृहस्थश्च निरारम्भः कार्यवांश्चैव भिक्षुकः॥ 62॥**

हिन्दी—गृहस्थ होकर भी कुछ नहीं करना और संन्यासी होकर भी कर्मों में लिप्त रहना—ये दोनों ही विपरीत कार्यों के कारण शोभा नहीं पाते हैं।

विशेष—संन्यासी का अर्थ ही होता है—काम्य कर्मों का सर्वथा परित्याग। परन्तु जो संन्यासी होते हुए कर्मों में फँस जाता है, वह परिहास का पात्र बन जाता है। उसी प्रकार सांसारिक होते हुए भी जो कुछ नहीं करता है, उसका सांसारिक व्यवहार कैसे चल सकता है? अतः ये दोनों ही उपहास के पात्र होते हैं।

**द्वाविमौ पुरुषौ राजन् स्वर्गस्योपरि तिष्ठतः।**
**प्रभुश्च क्षमया युक्तो दरिद्रश्च प्रदानवान्॥ 63॥**

हिन्दी—ये दोनों व्यक्ति स्वर्ग के ऊपर रहते हैं। स्वामी रहते हुए भी क्षमा प्रदान करने वाला और दरिद्र रहते हुए भी देने की इच्छा रखने वाला।

विशेष—राजा सर्वशक्तिसम्पन्न होता है। यदि उसमें क्षमा का गुण आ जाये तो प्रजा के लिए वह देवदूत बन जाता है और प्रजा भी उससे सर्वाधिक प्यार तथा श्रद्धा रखती है।

**न्यायार्जितस्य द्रव्यस्य बोद्धव्यौ द्वावतिक्रमौ।**
**अपात्रे प्रतिपत्तिश्च पात्रे चाप्रतिपादनम्॥ 64॥**

हिन्दी—न्याय से उपार्जित धन के दो ही दुरुपयोग होते हैं—अपात्र को दान देना तथा सत्पात्र को दान नहीं देना।

विशेष—सत्पात्र को दान देने से उसका सहस्र गुना अधिक फल मिलता है, उसी प्रकार अपात्र को दान देने से देने वाला निम्नगामी हो जाता है। अतः पात्र को ही दान देना चाहिए।

**द्वावम्भसि निवेष्टव्यौ गले बद्ध्वा दृढां शिलाम्।**
**धनवन्तमदातारं दरिद्रं चातपस्विनम्॥ 65॥**

हिन्दी—जो धनवान् होते हुए भी दान नहीं देता है और दरिद्र रहने पर भी कष्ट सहन करने की क्षमता नहीं रखता है, इन दोनों को गले में पत्थर बाँधकर पानी में डुबो देना चाहिए।

विशेष—धनवान् को दानी होना चाहिए और अभावग्रस्त मनुष्य को कष्ट सहने की क्षमता होनी चाहिए।

**द्वाविमौ पुरुषव्याघ्र सूर्यमण्डलभेदिनी।**
**परिव्राड्योगयुक्तश्च रणे चाभिमुखो हतः॥ 66॥**

हिन्दी—हे पुरुषसिंह! योगयुक्त संन्यासी और युद्धभूमि में सामने मरा हुआ वीर ये दोनों सूर्यमण्डल का भेदन करके ऊर्ध्व गति को प्राप्त हो जाते हैं अर्थात् मुक्त हो जाते हैं।

**त्रयोपाया मनुष्याणां श्रूयन्ते भरतर्षभ।**
**कनीयान्मध्यमः श्रेष्ठ इति वेदविदो विदुः॥ 67॥**

हिन्दी—हे भरतर्षभ! इस संसार में कार्यसिद्धि के लिए वेतन को जानने वालों ने तीन उपाय बतलाये हैं—उत्तम, मध्यम और अधम।

विशेष—तीन प्रकार के मनुष्यों के लिए भेद के अनुसार तीन प्रकार के उपाय कहे गये हैं। जैसा मनुष्य होता है, उसका उपाय भी वैसा ही होता है।

**त्रिविधाः पुरुषाः राजन्नुत्तमाधममध्यमाः।**
**नियोजयेद् यथावत् तांस्त्रिविधेष्वेन कर्मस॥ 68॥**

हिन्दी—हे राजन्! उत्तम, अधम और मध्यम तीन प्रकार के मनुष्य होते हैं। इन तीनों को तीन प्रकार के कर्मों में यथायोग्य नियुक्त करना चाहिए।

**त्रय एवाधना राजन् भार्या दासस्तथा सुतः।**
**यत्ते समधिगच्छन्ति यस्य ते तस्य तद्धनम्॥ 69॥**

हिन्दी—हे राजन्! तीन व्यक्ति ही उस धन के अधिकारी होते हैं—पत्नी, नौकर और पुत्र। ये जो कुछ प्राप्त करते हैं, वह धन उसी का होता है जिसके अधीन ये रहते हैं।

विशेष—धन का अधिकारी उसका स्वामी होता है, नौकर नहीं। वह अपने परिश्रमों के द्वारा धन अर्जित कर स्वामी को देता है। उसी प्रकार पत्नी और पुत्र का धन भी उसके स्वामी या पिता का ही होता है।

**हरणं च परस्वानां परदाराभिमर्शनम्।**
**सुहृदश्च परित्यागस्त्रयो दोषाः क्षयावहाः॥ 70॥**

हिन्दी—दूसरों के धन का हरण करना, दूसरे की स्त्री से सम्बन्ध रखना तथा सच्चे मित्र का परित्याग करना—ये तीनों दोष विनाशकारी होते हैं।

विशेष—कुछ बातें जीवन के लिए दुखदायी होती हैं, जैसे—दूसरे के धन ग्रहण करने पर विरोध होना स्वाभाविक है। दूसरों की स्त्री से संसर्ग रहने पर चारित्रिक दोष रहेगा। सच्चे मित्र के परित्याग से अनर्थ होना स्वाभाविक है। इसलिए ये तीनों विनाशकारी माने गये हैं।

**त्रिविधं नरकस्येदं द्वारं नाशनमात्मनः।**
**कामः क्रोधस्तथा लोभस्तस्मादेतत्त्रयं त्यजेत्॥ 71॥**

हिन्दी—काम, क्रोध तथा लोभ आत्मा का नाश करने वाले नरक के द्वार हैं। इसलिए इन तीनों का परित्याग कर देना चाहिए।

विशेष—काम से क्रोध तथा लोभ उत्पन्न होते हैं, जिससे मनुष्य का

नाश हो जाता है, इसलिए इन तीनों का त्याग कर ही मनुष्य सुखमय हो सकता है।

**वरप्रदानं राज्यं च पुत्रजन्म च भारत।**
**शत्रोश्च मोक्षणं कृच्छ्रात् त्रीणि चैकं च तत्समम्॥ 72॥**

हिन्दी—हे भारत! वर प्राप्त करना, राज्य प्राप्त करना और पुत्र का जन्म होना—ये तीनों एक ओर और शत्रु के कष्ट से मुक्त होना—ये एक ओर; वे तीनों और यह एक समान है।

विशेष—सुख का समय कट जाता है, लेकिन दुःख का समय शीघ्र नहीं कटता। वरप्राप्ति, राज्यप्राप्ति और पुत्रजन्म सुखकारक हैं, अतः इनसे आनन्द मिलता है। परन्तु शत्रु से जो कष्ट मिलता है, उससे छुटकारा पाना इससे भी बढ़कर सुखकारक होता है।

**भक्तं च भजमानं च तवास्मीति च वादिनम्।**
**त्रीनेतांश्छरणं प्राप्तान् विषमेऽपि न सन्त्यजेत्॥ 73॥**

हिन्दी—भक्त, सेवक तथा मैं आपका हूँ—ऐसा कहने वाले तथा शरण में आये मनुष्य को संकट के समय में भी नहीं छोड़ना चाहिए।

विशेष—शरणागत की रक्षा करना महापुरुषों का शाश्वत धर्म है।

**चत्वारि राज्ञा तु महाबलेन वर्ज्यान्याहुः पण्डितस्तानि विद्यात्।**
**अल्पज्ञैः सह मन्त्रं न कुर्यान्न दीर्घसूत्रै रभसैश्चारणैश्च॥ 74॥**

हिन्दी—महाबली राजाओं को भी इन चारों कार्यों को नहीं करना चाहिए। ऐसा विद्वान लोग कहते हैं कि अल्पज्ञों के साथ, बिलम्ब से कार्य करने वालों के साथ, हठात् कार्य करने वालों के साथ और भाटों के साथ मन्त्रणा नहीं करना चाहिए।

विशेष—मन्त्रणा से सारे राज्य-कार्य चलाये जाते हैं। लेकिन मन्त्र के रहस्य खुल जाने पर अनर्थ की सम्भावनाएँ भी बढ़ जायेंगी। अतः कीचड़ लगाकर धोने की अपेक्षा उससे बचना ही उचित होता है।

**चत्वारि ते तात गृहे वसन्तु श्रियाभिजुष्टस्य गृहस्थधर्मे।**
**वृद्धो ज्ञातिरवसन्नः कुलीनः सखा दरिद्रो भगिनी चानपत्या॥75॥**

हिन्दी—हे तात! गृहस्थधर्म में लक्ष्मी से युक्त आपके घर में ये चार

बातें सदा निवास करें—1. परिवार में वृद्ध मनुष्य, 2. अच्छे कुल में उत्पन्न दुखी मनुष्य, 3. धनहीन मित्र और 4. निःसन्तान बहन।

विशेष—वृद्ध पुरुष कुल के आचार का उपदेश करता है। कुलीन व्यक्ति दुखी रहने पर भी कभी किसी का अहित-चिन्तन नहीं करते। दरिद्र मित्र भी हितचिन्तक होते हैं। निःसन्तान बहन भाई के हितचिन्तन एवं उसके आवश्यक कार्य-सम्पादन करने में सारा समय बिता देती है। अतः लक्ष्मीवान् के घर में इन चारों का होना सुखकारक माना जाता है।

**चत्वारि हि महाराज साद्यस्कानि बृहस्पतिः।**
**पृच्छते त्रिदशेन्द्राय तानीमानि निबोध मे॥ 76॥**

हिन्दी—इन्द्र के द्वारा पूछे जाने पर उनसे बृहस्पति ने जिन चार बातों को तत्काल फल देने वाला बतलाया है, उन्हें आप मुझसे सुनिए।

**देवतानां च सङ्कल्पमनुभावं च धीमताम्।**
**विनयं कृतविद्यानां विनाशं पापकर्मणाम्॥ 77॥**

हिन्दी—देवताओं का संकल्प, बुद्धिमानों का प्रभाव, विद्वानों की विनम्रता तथा पाप कर्मों का विनाश—ये चारों कर्म सद्यः फलप्रद होते हैं।

**चत्वारि कर्माण्यभयङ्कराणि भयं प्रयच्छन्त्ययथाकृतानि।**
**मानाग्निहोत्रमुत मानमौनं मानेनाधीतमुत मानयज्ञः॥ 78॥**

हिन्दी—सम्मानपूर्वक किया गया अग्निहोत्र, मानपूर्वक किया गया मौनावलम्बन, आदरपूर्वक किया गया अध्ययन तथा स्वाध्यायविधिपूर्वक किया गया यज्ञानुष्ठान—ये चार बातें भय को दूर करने वाली होती हैं, लेकिन इनके अनुचित प्रयोग से भयदायक भी होती हैं।

**पञ्चाग्नयो मनुष्येण परिचर्याः प्रयत्नतः।**
**पिता माताग्निरात्मा च गुरुश्च भरतर्षभ॥ 79॥**

हिन्दी—हे धृतराष्ट्र! मनुष्य को माता, पिता, अग्नि, आत्मा और गुरु—इन पाँच अग्नियों की परिचर्या अत्यन्त सावधानीपूर्वक करनी चाहिए।

विशेष—अग्नि के बिना जीवन में आवश्यक कार्य नहीं हो सकते हैं, परन्तु इसके दुरुपयोग और असावधानी से अनेक समस्याएँ भी उत्पन्न हो सकती हैं। माता, पिता, अग्नि, आत्मा और गुरु—ये अग्नि के सदृश माने

गये हैं। इसलिए इनके साथ बहुत सावधानीपूर्वक व्यवहार करना चाहिए, अन्यथा कष्ट हो सकता है। इनकी उपेक्षा नहीं करनी चाहिए।

**पञ्चैव पूजयंल्लोके यशः प्राप्नोति केवलम्।**
**देवान् पितृन् मनुष्यांश्च भिक्षूनतिथिपञ्चमान्॥ 80॥**

हिन्दी—इस संसार में देवता, पितर, मनुष्य, याचक एवं अतिथि इन पाँचों की पूजा करते हुए विशुद्ध यश की प्राप्ति होती है।

विशेष—कर्तव्यनिष्ठा से और सदाचार से यश मिलता है। अतः इन सभी का सत्कार करने पर लोक में यश प्राप्त होता है।

**पञ्च त्वानुगमिष्यन्ति यत्र यत्र गमिष्यसि।**
**मित्राण्यमित्रा मध्यस्था उपजीव्योपजीविनः॥ 81॥**

हिन्दी—हे धृतराष्ट्र! आप जहाँ-जहाँ जायेंगे आपके पीछे मित्र, शत्रु, तटस्थ, क्षरण देने वाले और शरण में रहने वाले—ये पाँच सदा आपका अनुगमन करेंगे।

**पञ्चेन्द्रियस्य मर्त्यस्य छिद्रं चेदेकमिन्द्रियम्।**
**ततोऽस्य स्रवति प्रज्ञा दृतेः पात्रादिवोदकम्॥ 82॥**

हिन्दी—जैसे मशक (चमड़े का पात्र) में छेद होने से सारा पानी निकल जाता है। उसी प्रकार मनुष्य की पाँचों इन्द्रियों में से यदि एक भी छिद्र रूप हो तो उसकी वृद्धि समाप्त हो जाती है।

**षड् दोषाः पुरुषेणेह हातव्या भूतिमिच्छता।**
**निद्रा तन्द्रा भयं क्रोध आलस्यं दीर्घसूत्रता॥ 83॥**

हिन्दी—इस संसार में अभ्युदय चाहने वाले व्यक्ति को निद्रा, तन्द्रा, भय, क्रोध और देर से काम करने की प्रवृत्ति—इन छह दोषों को छोड़ देना चाहिए।

**षडिमान् पुरुषो जह्याद् भिन्नां नावमिवार्णवे।**
**अप्रवक्तारमाचार्यमनधीयानमृत्विजम् ॥ 84 ॥**

**अरक्षितारं राजानं भार्यां चाप्रियवादिनीम्।**
**ग्रामकामं च गोपालं वनकामं च नापितम्॥ 85॥**

हिन्दी–उसी प्रकार व्यक्ति इन छह वस्तुओं को छोड़ दे जैसे समुद्र में छेदयुक्त नाव को छोड़ दिया जाता है। न बोलने वाले आचार्य को, मन्त्र न पढ़ने वाले ऋत्विज को, रक्षा न करने वाले राजा को, कटु बोलने वाली स्त्री को, ग्राम में रहने वाले ग्वाले को और वन में रहने की इच्छा करने वाले नाई को।

विशेष–जिसका जो काम है, यदि वह न करे तो उस समय अव्यवस्था हो जायेगी। इसलिए नीतिकार ने उक्त सभी वस्तुओं और पदार्थों को छोड़ देने का विधान किया है।

**षडेव तु गुणाः पुंसां न हातव्याः कदाचन।**
**सत्यं दानमनालस्यमनसूया क्षमा धृतिः॥ 86॥**

हिन्दी–सत्य बोलना, दान देना, आलस्य नहीं करना, द्वेष नहीं रखना, क्षमा करना और धैर्य रखना–इन छह गुणों को व्यक्ति को कभी नहीं छोड़ना चाहिए।

**अर्थागमो नित्यमरोगिता च प्रिया च भार्या प्रियवादिनी च।**
**वश्यश्च पुत्रोऽर्थकरी च विद्या षड् जीवलोकस्य सुखानि राजन्॥ 87॥**

हिन्दी–हे राजन्! इस संसार में इन छह के द्वारा ही व्यक्ति को सुख प्राप्त होता है–धन प्राप्त होना, नित्य नीरोग रहना, प्रिय बोलने वाली पत्नी, पुत्र का वश में होना और अर्थकरी विद्या का ज्ञान होना।

**षण्णामात्मनि नित्यानामैश्वर्यं योऽधिगच्छति।**
**न स पापैः कुतोऽनर्थैर्युज्यते विजितेन्द्रियः॥ 88॥**

हिन्दी–जो व्यक्ति अपने मन में काम, क्रोध, मोह, लोभ, मद और मात्सर्य–इन छह ऐश्वर्यों को वश में कर लेता है, वह जितेन्द्रिय पुरुष पापों से युक्त नहीं होता है, तो अनर्थों से कैसे युक्त हो सकता है।

विशेष–जो मनुष्य इन कामादि छह दोषों को वश में कर लेता है, वह बन्धनों एवं पापों से मुक्त हो जाता है।

**षडिमे षट्सु जीवन्ति सप्तमो नोपलभ्यते।**
**चौराः प्रमत्ते जीवन्ति व्याधितेषु चिकित्सकाः॥ 89॥**

**प्रमदाः कामयानेषु यजमानेषु याजकाः।**
**राजा विवदमानेषु नित्यं मूर्खेषु पण्डिताः॥ 90॥**

हिन्दी—चोर असावधान पुरुषों से, वैद्य रोगी से, मदवाली स्त्रियाँ कामी व्यक्तियों से, पुरोहित यजमानों से, झगड़ने वालों से राजा और मूर्खों से विद्वान् लोग अपनी जीविका चलाते हैं। छह प्रकार के व्यक्ति छह प्रकार के व्यक्तियों से अपनी जीविका चलाते हैं।

**षडिमानि विनश्यन्ति मुहूर्त्तमनवेक्षणात्।**
**गावः सेवा कृषिर्भार्या विद्या वृषलसङ्गतिः॥ 91॥**

हिन्दी—गायें, सेवा, खेती, स्त्री, विद्या और नीच पुरुषों से मेलजोल ये छह देख-रेख नहीं करने के कारण नष्ट हो जाते हैं।

**षडेते ह्यवमन्यन्ते नित्यं पूर्वोपकारिणम्।**
**आचार्यं शिक्षिताः शिष्याः कृतदाराश्च मातरम्॥ 92॥**

**नारीं विगतकामास्तु कृतार्थाश्च प्रयोजकम्।**
**नावं निस्तीर्णकान्तारा आतुराश्च चिकित्सितम्॥ 93॥**

हिन्दी—शिक्षा समाप्त हो जाने पर शिष्य अपने गुरुओं की, विवाहित बेटे अपनी माता की, कामवासना पूरी हो जाने के बाद मनुष्य स्त्री की, कार्य होने के बाद सहायकों की, दुर्गम धाराओं को पार करने के बाद मनुष्य नाव की तथा रोग शान्त हो जाने के बाद रोगी वैद्य की—ये छह अपने पूर्व उपकारी की अवमानना करते हैं।

विशेष—नीतिकार ने अनुभवों के आधार पर इन वचनों को कहा है। कारण मनुष्य तब तक ही किसी से अपेक्षा रखता है, जब तक उसका कार्य नहीं हो जाता, कार्य होने पर उसे छोड़ देता है। यही संसार का सामान्य नियम है।

**आरोग्यमानृण्यमविप्रवासः सद्भिर्मनुष्यैः सह सम्प्रयोगः।**
**स्वप्रत्ययावृत्तिरभीतवासः षड् जीवलोकस्य सुखानि राजन्॥ 94॥**

हिन्दी—हे राजन्! नीरोग रहना, ऋणी न रहना, परदेश में वास न करना, सज्जन मनुष्यों के साथ मेलजोल रहना, अपने अधीन जीविका होना,

निडर होकर रहना—यह छह जीवलोक के सुख हैं।

विशेष—मनुष्य उपर्युक्त छह परिस्थितियों में रहने से दुखी हो जाता है तथा शरीर और आत्मा को छोड़ने के लिए बाध्य हो जाता है। परन्तु ये सब वस्तुएँ प्राप्त होने पर संसार में मनुष्य सुखी माना जाता है।

**ईर्ष्यी घृणी न सन्तुष्टः क्रोधनो नित्यशङ्कितः।**
**परभाग्योपजीवी च षडेते नित्यदुःखिताः॥ 95॥**

हिन्दी—ईर्ष्यालु, घृणा करने वाला, सन्तुष्ट न होने वाला, क्रोध करने वाला हमेशा शंका करने वाला तथा दूसरे के भाग्य से जीने वाला—ये छह सदा दुखी रहते हैं।

विशेष—जिस प्रकार संसार में स्वाभाविक सुख माने जाते हैं, वैसे ही स्वाभाविक दुःख भी होते हैं।

**सप्त दोषाः सदा राज्ञा हातव्या व्यसनोदयाः।**
**प्रायशो यैर्विनश्यन्ति कृतमूला उपीश्वराः॥ 96॥**

**स्त्रियोऽक्षा मृगया पानं वाक्पारुष्यं च पञ्चमम्।**
**महच्च दण्डपारुष्यमर्थदूषणमेव च॥ 97॥**

हिन्दी—स्त्रियों की आसक्ति, जुआ, शिकार, मद्यपान, वाणी की कठोरता, अति कठोर दण्ड तथा धन का दुरुपयोग करना—ये सात विनाशकारी दोष राजा को सदा त्याग देना चाहिए। इसमें समर्थ राजा भी प्रायः नष्ट हो जाते हैं।

**अष्टौ पूर्वनिमित्तानि नरस्य विनशिष्यतः।**
**ब्राह्मणान् प्रथमं द्वेष्टि ब्राह्मणैश्च विरुध्यते॥ 98॥**

**ब्राह्मणस्वानि चादत्ते ब्राह्मणाश्च जिघांसति।**
**रमते निन्दया चैषां प्रशंसां नाभिनन्दति॥ 99॥**

**नैनान् स्मरति कृत्येषु याचितश्चाभ्यसूयति।**
**एतान् दोषान्नरः प्राज्ञो बुद्ध्येद् बुद्ध्वा विवर्जयेत्॥ 100॥**

हिन्दी—विनाश को प्राप्त होने वाले व्यक्तियों के ये आठ लक्षण होते हैं—1. वह सर्वप्रथम ब्राह्मणों से मन से द्वेष करता है, 2. ब्राह्मणों से

विरोध करता है, 3. ब्राह्मणों के धनों को छीनता है, 4. ब्राह्मणों को मारने का प्रयास करता है, 5. ब्राह्मणों की निन्दा से प्रसन्न होता है, 6. ब्राह्मणों की प्रशंसा को नहीं चाहता, 7. उचित अवसरों पर ब्राह्मणों को स्मरण नहीं करता है तथा 8. याचना करने पर इनसे असूया करता है। अतः बुद्धिमान् मनुष्यों को चाहिए कि इन दोषों को समझें और समझकर छोड़ दें।

**अष्टाविमानि हर्षस्य नवनीतानि भारत।**
**वर्तमानानि दृश्यन्ते तान्येव स्वसुखान्यपि॥ 101॥**

**समागमश्च सखिभिर्महांश्चैव धनागमः।**
**पुत्रेण च परिष्वङ्गः सन्निपातश्च मैथुने॥ 102॥**

**समये च प्रियालापः स्वयूथ्येषु समुन्नतिः।**
**अभिप्रेतस्य लाभश्च पूजा च जनसंसदि॥ 103॥**

हिन्दी—हे भरतकुल में उत्पन्न धृतराष्ट्र! ये आठ हर्ष के नवनीत के समान साररूप ही हैं—1. मित्रों से मिलना, 2. महान् धन की प्राप्ति, 3. पुत्र से लिपटकर मिलना, 4. मैथुन में दोनों की साथ-साथ निवृत्ति, 5. समय पर प्रिय के साथ बातचीत, 6. स्वसमुदाय में उन्नति, 7. इच्छित वस्तु की प्राप्ति और 8. जनता में सम्मान।

विशेष—स्व वर्ग में सम्मान एवं उन्नति प्राप्त करने से सुख की प्राप्ति होती है। अतः वह सुख भी सुख नहीं है, जिसे बन्धु वर्ग उपभोग न करें और शत्रु देखकर सन्तप्त न हों। इसलिए स्व वर्ग में ही लाभ-हानि होना सुख-दुःख का कारण बनता है।

**अष्टौ गुणाः पुरुषं दीपयन्ति प्रज्ञ च कौल्यं च दमः श्रुतं च।**
**पराक्रमश्चाबहुभाषिता च दानं यथाशक्ति कृतज्ञता च॥ 104॥**

हिन्दी—बुद्धि, कुल, इन्द्रिय-संयम, पराक्रम, कम बोलना, यथाशक्ति दान देना तथा कृतज्ञ होना—ये आठ गुण मनुष्य के यश को बढ़ाते हैं।

**नवद्वारमिदं वेश्म त्रिस्थूणं पञ्चसाक्षिकम्।**
**क्षेत्रज्ञाधिष्ठितं विद्वान् यो वेद स परः कविः॥ 105॥**

हिन्दी—जो विद्वान नौ दरवाज़ों वाले, तीन खम्भों वाले, पाँच गवाहों वाले जीवात्मा के निवासस्थान इस शरीर रूपी घर को जानता है, वह परम ज्ञानी है।

विशेष—उपनिषद्, गीतादि शास्त्रों में शरीर को जीवात्मा का निवासस्थान माना गया है। इसके ज्ञान से ब्रह्माण्ड तक का ज्ञान हो जाता है। इसलिए इसके ज्ञानी को परम ज्ञानी तथा परमहंस माना गया है।

**दश धर्मं न जानन्ति धृतराष्ट्र! निबोध तान्।**
**मत्तः प्रमत्तः उन्मत्तः श्रान्तः क्रुद्धो बुभुक्षितः॥ 106॥**

**त्वरमाणश्च लुब्धश्च भीतः कामी च ते दश।**
**तस्मादेतेषु सर्वेषु न प्रसज्जेत पण्डितः॥ 107॥**

हिन्दी—महाराज धृतराष्ट्र! नशे में मतवाला, असावधान, पागल, थका हुआ, क्रोधी, भूखा, जल्दबाज़, लोभी, डरा हुआ और कामी ये दश प्रकार के लोग धर्म के विषय में नहीं जानते। इसलिए इन सब से विवेकशील व्यक्ति आसक्ति न बढ़ावे।

विशेष—धर्म का पालन एवं ज्ञान विवेकशील प्राणी ही कर सकता है। अतः उपर्युक्त गिनाये गये जनों से आसक्ति नहीं रखनी चाहिए।

**अत्रैवोदाहरन्तीममितिहासं पुरातनम्।**
**पुत्रार्थमसुरेन्द्रेण गीतं चैव सुधन्वना॥ 108॥**

हिन्दी—असुरों के राजा प्रह्लाद ने सुधन्वा के साथ पुत्र को इस विषय में उपदेश किया था। विद्वान् लोग उस पुराने इतिहास का उदाहरण देते हैं।

विशेष—यहाँ विदुर जी ने धृतराष्ट्र को प्राचीन इतिहास के द्वारा प्रस्तुत प्रसंग को समझा रहे हैं।

**यः काममन्यू प्रजहाति राजा पात्रे प्रतिष्ठापयते धनं च।**
**विशेषविच्छ्रुतवान् क्षिप्रकारी तं सर्वलोकः कुरुते प्रणामम्॥ 109॥**

हिन्दी—जो राजा काम और क्रोध का परित्याग कर देता है, योग्य व्यक्ति को धनादि प्रदान करता है, कार्य की ऊँच-नीच को जानता है, शास्त्रों का ज्ञान रखने वाला और अपने कर्तव्य को शीघ्र पूरा करने वाला है, उसे सब लोग प्रणाम करते हैं।

विशेष—इस श्लोक में प्रयुक्त मन्यु शब्द का विचार करना आवश्यक है। क्रोध के आवेग को अपने में आत्मसात् कर लेना, किन्तु बाहर प्रदर्शित नहीं करना मन्यु कहलाता है। अतः क्रोध की अपेक्षा मन्यु को अच्छा माना गया है।

**जानाति विश्वासयितुं मनुष्यान् विज्ञातदोषेषु दधाति दण्डम्।**
**जानाति मात्रां च तथा क्षमां च तं तादृशं श्रीर्जुषते समग्रा॥ 110॥**

हिन्दी—जो राजा लोगों में विश्वास उत्पन्न करना जानता है, जिसका दोष सिद्ध हो गया है, उन्हीं को दण्डित करता है; जो दण्ड देने की मात्रा और क्षमा का उपयोग जानता है, उस राजा की सेवा सम्पूर्ण लक्ष्मी करती है।

विशेष—विवेकशील मनुष्य के पास लक्ष्मी चिरकाल तक निवास करती है। अविवेकी तथा क्षिप्रकारी जनों के पास से शीघ्र चली जाती है।

**सुदुर्बलं नावजानाति कश्चित् युक्तो रिपुं सेवते बुद्धिपूर्वम्।**
**न विग्रहं रोचयते बलस्थैः काले च यो विक्रमते स धीरः॥ 111॥**

हिन्दी—जो व्यक्ति किसी दुर्बल का तिरस्कार नहीं करता, सावधानीपूर्वक शत्रु के साथ बुद्धिपूर्वक व्यवहार करता है, बलवानों के साथ युद्ध नहीं चाहता और उचित समय पर पराक्रम दिखाता है, वही वीर है।

विशेष—राजनीति के नियमों के अनुसार सन्धि-विग्रह एवं व्यवहार करना राजा के लिए उचित होता है। राजनीति में षडंगों को ध्यान में रखते हुए कार्य करना सर्वथा उचित होता है।

**प्राप्यापदं न व्यथते कदाचिद् उद्योगमन्विच्छति चाप्रमत्तः।**
**दुःखं च काले सहते महात्मा धुरन्धरस्तस्य जिताः सपत्नाः॥ 112॥**

हिन्दी—हे राजन्! जो व्यक्ति विपत्ति आने पर भी कभी दुखी नहीं होता तथा सावधानीपूर्वक उद्योग का आश्रय लेता है और समय पड़ने पर दुःख सहन करता है, वही अपने कार्यों को स्वयं करने में समर्थ होता है, तभी उसके शत्रु पराजित हो सकते हैं।

विशेष—सुख-दुःख में एकरूपता होना श्रेष्ठ पुरुष का लक्षण है तथा नीतिकार ने भी इसी ओर संकेत किया है।

**अनर्थकं विप्रवासं गृहेभ्यः पापैः सन्धिं परदाराभिमर्शम्।**
**दम्भं स्तैन्यं पैशुन्यं मद्यपानं न सेवते यश्च सुखी सदैव॥ 113॥**

हिन्दी—जो व्यर्थ घर से बाहर नहीं जाता, दुष्टों से मेल नहीं रखता, दूसरे की स्त्री से सम्बन्ध नहीं रखता, पाखण्ड, चोरी, चुग़लख़ोरी तथा मद्यपान नहीं करता, वह सदा सुखी रहता है।

विशेष—वही व्यक्ति सदा सुखी रह सकता है जो अनीति के मार्ग पर नहीं चलता है। व्यभिचार तथा मिथ्या प्रवृत्ति में नहीं फँसता है तथा जीवन के उद्देश्यों को नियमित करते हुए शुभ कार्यों में प्रवृत्त होता है।

**न संरम्भेणारभते त्रिवर्गमाकारितः शंसति तत्त्वमेव।**
**न मित्रार्थे रोचयते विवादं नापूजितः कुप्यति चाप्यमूढः॥ 114॥**

हिन्दी—जो शीघ्रता के साथ त्रिवर्ग—धर्म, अर्थ काम—का आरम्भ नहीं करता, पूछे जाने पर सत्य बात ही बतलाता है, मित्र के लिए विवाद नहीं करना चाहता तथा असम्मान होने पर भी क्रोधित नहीं होता है, वही ज्ञानी कहलाता है।

**न योऽभ्यसूयत्यनुकम्पते च न दुर्बलः प्रातिभाव्यं करोति।**
**नात्याह किञ्चित् क्षमते विवादं सर्वत्र तादृग् लभते प्रशंसाम्॥ 115॥**

हिन्दी—जो किसी की निन्दा नहीं करता है, दुर्बल जानकर विरोध नहीं करता, अधिक नहीं बोलता, विवाद सहन कर लेता है, ऐसा व्यक्ति सर्वत्र प्रशंसा प्राप्त करता है।

विशेष—कम बोलना और ग़म खाना सर्वत्र अच्छा माना जाता है।

**यो नोद्धतं कुरुते जातु वेषं न पौरुषेणापि विकत्थतेऽन्यान्।**
**न मूर्च्छितः कटुकान्याह किञ्चित् प्रियं सदा तं कुरुते जनो हि॥ 116॥**

हिन्दी—जो व्यक्ति पुरुषों को बुरा लगने वाला वेष नहीं बनाता, जो बलवान् होने पर भी दूसरों की निन्दा नहीं करता और पीड़ित होने पर भी कुछ भी कड़वा नहीं बोलता है, उसको सभी लोग प्यार करते हैं।

**न वैरमुद्दीपयति प्रशान्तं न दर्पमारोहति नास्तमेति।**
**न दुर्गतोऽस्मीति करोत्यकार्यं तमार्यशीलं परमाहुरार्याः॥ 117॥**

हिन्दी—जो शत्रुता के शान्त हो जाने पर उसे पुनः नहीं बढ़ाता है, गर्व नहीं करता, हीनता नहीं दिखाता, 'मैं विपत्ति में हूँ' ऐसा सोचकर जो अकार्य नहीं करता, उस श्रेष्ठ आचरणवाले मनुष्य को आर्यजन श्रेष्ठ कहते हैं।

विशेष—अहंकार करना अच्छा नहीं है, परन्तु स्वाभिमान खोना भी अनुचित है। अतः मध्यम मार्ग ही श्रेष्ठ है।

**न स्वे सुखे वै कुरुते प्रहर्षं नान्यस्य दुःखे भवति प्रहृष्टः।**
**दत्वा न पश्चात्कुरुतेऽनुतापं स कथ्यते सत्पुरुषार्यशीलः॥ 118॥**

हिन्दी—जो व्यक्ति अपने सुख में हर्षित नहीं होता, दूसरे के दुःख के समय हर्ष नहीं मनाता, दान देने के बाद सन्तप्त नहीं होता, वह सज्जनों में सदाचारी कहलाता है।

**देशाचारान् समयाञ्जातिधर्मान् बुभूषते यः स परावरज्ञः।**
**स यत्र तत्राभिगतः सदैव महाजनस्याधिपत्यं करोति॥ 119॥**

हिन्दी—जो व्यक्ति देश के व्यवहार, लोकाचार तथा जातियों के धर्मों को जानने की इच्छा करता है, उसे उत्तम तथा अधम का ज्ञान हो जाता है। वह जहाँ कहीं भी जाता है, महान् जनसमुदाय पर आधिपत्य जमा लेता है।

**दम्भं मोहं मात्सर्यं पापकृत्यं राजद्विष्टं पैशुनं पूगवैरम्।**
**मत्तोन्मत्तैर्दुर्जनैश्चापि वादं यः प्रज्ञावान् वर्जयेत् स प्रधानः॥ 120॥**

हिन्दी—जो बुद्धिमान् व्यक्ति दम्भ, मोह, मात्सर्य, पापकर्म, राजद्वेष, चुग़लख़ोरी, समूह से वैर, मदमस्त पागल एवं दुर्जनों से विवाद छोड़ देता है, वह श्रेष्ठ है।

**दानं होमं दैवतं मङ्गलानि प्रायश्चित्तान् विविधान् लोकवादान्।**
**एतानि यः कुरुते नैत्यकानि तस्योत्थानं देवता राधयन्ति॥ 121॥**

हिन्दी—जो व्यक्ति दान, होम, देवताओं की पूजा, शुभकर्म, प्रायश्चित्त तथा विविध प्रकार से सांसारिक कृत्यों को करता है, देवता उसकी उन्नति सिद्ध करते हैं।

विशेष—धर्माचरण से मनुष्य के अभ्युदय की सिद्धि होती है।

**समैर्विवाहः कुरुते न हीनैः समैः सख्यं व्यवहारं कथां च।**
**गुणैर्विशिष्टांश्च पुरो दधाति विपश्चितस्तस्य नयाः सुनीताः॥ 122॥**

हिन्दी—जो अपने समान लोगों के साथ विवाह, मित्रता, व्यवहार तथा वार्तालाप करता है, उस विद्वान् की नीतियाँ श्रेष्ठ हैं।

विशेष—व्यवहार समान लोगों में ही शोभा पाता है।

**मित्रं भुङ्क्ते संविभज्याश्रितेभ्यो मितं स्वपित्यमितं कर्म कृत्वा।**
**ददात्यमित्रेष्वपि याचितः संस्तमात्मवन्तं प्रजहत्यनर्थाः॥ 123॥**

हिन्दी—जो आश्रितों को बाँटकर थोड़ा भोजन करता है, बहुत काम करके थोड़ा सोता है, याचना करने पर शत्रुओं को भी देता है, उस मनस्वी के सारे अनर्थ दूर हो जाते हैं।

**चिकीर्षितं विप्रकृतं च यस्य नान्ये जनाः कर्म जानन्ति किञ्चित्।**
**मन्त्रे गुप्ते सम्यगनुष्ठिते च नाल्पोऽप्यस्य च्यवते कश्चिदर्थः॥ 124॥**

हिन्दी—जिसके मनोरथ और विपरीत बातों को अन्य लोग नहीं जान पाते हैं, मन्त्र की गोपनीयता के साथ ठीक प्रकार से अनुष्ठान करते हैं, उसका कोई भी काम थोड़ा भी नष्ट नहीं हो पाता है अर्थात् उसका काम ठीक हो जाता है।

**यः सर्वभूतप्रशमे निविष्टः सत्यो मृदुर्मानकृच्छुद्धभावः।**
**अतीव स ज्ञायते ज्ञातिमध्ये महामणिर्जात्य इव प्रसन्नः॥ 125॥**

हिन्दी—जो सभी प्राणियों को शान्ति देने में तत्पर, सत्य बोलने वाला, कोमल, दूसरों का सम्मान करने वाला एवं शुद्ध स्वभाव का होता है—वह खान से निकले और चमकने वाले रत्न के समान अपने समुदाय में अधिक शोभित होता है।

**य आत्मनाऽपत्रपते भृशं नरः स सर्वलोकस्य गुरुर्भवत्युत।**
**अनन्ततेजाः सुमनाः समाहितः स तेजसा सूर्य इवावभासते॥ 126॥**

हिन्दी—जो व्यक्ति स्वयं ही अत्यधिक लज्जा की अनुभूति करता है, वह अपने असीमित तेज, शुद्ध हृदय, एकाग्रता से सम्पन्न होकर सूर्य के समान सुशोभित होता है।

**वने जाताः शापदग्धस्य राज्ञः पाण्डोः पुत्रा पञ्च पञ्चेन्द्रकल्पाः।**
**त्वयैव बाला वर्धिताः शिक्षिताश्च तवादेशं पालयन्त्याम्बिकेय॥ 127॥**

हिन्दी—हे धृतराष्ट्र! शाप से जले हुए राजा पाण्डु के पाँच पुत्र पाँच इन्द्र के समान वन में उत्पन्न हुए। आपने ही उनको पाला-पोषा एवं शिक्षित किया। ये आपके आदेश का पालन करते हैं।

**प्रदायैतेषामुचितं तात राज्यं सुखी पुत्रैः सहितो मोदमानः।**
**न देवानां नापि च मानुषाणां भविष्यसि त्वं तर्कणीयो नरेन्द्र॥ 128॥**

हिन्दी—हे राजन्! उनके लिए दातव्य राज्य उनको देकर पुत्रों के साथ सुखी हो जाओ। ऐसा करने पर न देवताओं के और न मनुष्यों के विचार के विषय होंगे।

विशेष—विदुर नीति, रीति एवं व्यवहारानुकूल वचनों के द्वारा धृतराष्ट्र को समझाकर अन्याय से लिये गये राज्य को दिलवाना चाहते हैं। अतः इसमें इन सभी का सुन्दर एवं मनोरम वर्णन मिलता है।

**॥ प्रथम अध्याय समाप्त ॥**

# द्वितोयोऽध्यायः

**धृतराष्ट्र ने कहा–**

**जाग्रतो दह्यमानस्य यत्कार्यमनुपश्यसि।**
**तद् ब्रूहि त्वं हि नस्तात धर्मार्थकुशलो ह्यसि॥ 1॥**

हिन्दी–हे भाई! तुम निश्चय ही धर्म-अर्थ के विषय में जानने वाले हो। इसलिए चिन्ता से मुझ जलते हुए और जागते हुए के करने योग्य कार्य बताओ।

विशेष–'महाभारत' के पात्रों में विदुर परम ज्ञानी एवं धर्मार्थ को जानने वाले थे। अतः धृतराष्ट्र ने अपने हित के लिए विदुर से पूछा है। जानकार मनुष्य ही सही मार्ग का उपदेश कर सकता है।

**त्वं मां यथावत् विदुर प्रशाधि प्रज्ञापूर्वं सर्वमजातशत्रोः।**
**यन्मन्यसे पथ्यमदीनसत्त्वं श्रेयस्करं ब्रूहि तद्वै कुरूणाम्॥ 2॥**

हिन्दी–हे विदुर! तुम अपनी बुद्धि से सोचकर मुझे यथावत् उपदेश करो। जो बात युधिष्ठिर के लिए हितकर तथा कौरवों के लिए भी श्रेयस्कर हो, वह बताओ।

विशेष–बन्धु एवं मित्र का वचन भी अवश्य करणीय एवं ग्राह्य होता है। इस स्थिति में विदुर जी धृतराष्ट्र का बन्धु एवं हितकर वचन बतलाने के कारण मित्र भी हैं।

**पापाशङ्की पापमेवानुपश्यन् पृच्छामि त्वां व्याकुलेनात्मनाहम्।**
**कवे तन्मे ब्रूहि सर्वं यथावन्मनीषितं सर्वमजातशत्रोः॥ 3॥**

हिन्दी–हे मनीषी विदुर! मैं पाप की आशंका के कारण सर्वत्र अनिष्ट ही देखता हूँ। अतः व्याकुल चित्त मैं तुमसे पूछ रहा हूँ। युधिष्ठिर के समस्त अभिप्राय को मुझे यथावत् बताओ।

विशेष—अजातशत्रु युधिष्ठिर का नाम है। उनका कोई शत्रु उत्पन्न ही नहीं हुआ।

**विदुर ने कहा—**

**शुभं वा यदि वा पापं द्वेष्यं वा यदि वा प्रियम्।**
**अपृष्टस्तस्य तद् ब्रूयाद् यस्य नेच्छेत्पराभवम्॥ 4॥**

हिन्दी—मनुष्य को चाहिए कि वह जिसकी पराजय न चाहे, उसे बिना पूछे ही शुभ, अशुभ, प्रिय एवं द्वेष की बात को बता दे।

विशेष—बिना पूछे नहीं बताना चाहिए। परन्तु विदुर ने कहा है कि प्रिय चाहने वाले मनुष्य के लिए यह बाधित नहीं है। उसे बिना पूछे भी लाभ-हानि, प्रिय-अप्रिय सब कुछ बता देना चाहिए।

**तस्माद् वक्ष्यामि ते राजन् हितं यत्स्यात् कुरून्प्रति।**
**वचः श्रेयस्करं धर्म्यं ब्रुवतस्तन्निबोध मे॥ 5॥**

हिन्दी—हे राजन्! जिससे समस्त कौरवों का हित हो, मैं वही बात आपसे कहता हूँ। मेरे द्वारा कहे गये वचन कल्याणकारी एवं धर्मयुक्त हैं, अतः इन्हें ध्यानपूर्वक सुनो।

**मिथ्योपेतानि कर्माणि सिध्येयुर्यानि भारत।**
**अनुपायप्रयुक्तानि मा स्म तेषु मनः कृथाः॥ 6॥**

हिन्दी—हे धृतराष्ट्र! मिथ्या उपायों के प्रयोग द्वारा जो कार्य सिद्ध होते हैं, उनमें अपना मन मत लगाओ।

विशेष—मिथ्या वचन प्रिय तो होते हैं लेकिन हितकारक नहीं होते। अतः उनमें मन नहीं लगाना चाहिए।

**तथैव योगविहितं यत्तु कर्म न सिध्यति।**
**उपाययुक्तं मेधावी न तत्र ग्लपयेन्मनः॥ 7॥**

हिन्दी—यदि उक्त शुभ उपायों द्वारा सावधानीपूर्वक किया गया कार्य सिद्ध नहीं होता तो बुद्धिमान् व्यक्ति को वहाँ ग्लानि नहीं करनी चाहिए।

**अनुबन्धान् अपेक्षेत सानुबन्धेषु कर्मसु।**
**सम्प्रधार्य च कुर्वीत न वेगेन समाचरेत्॥ 8॥**

हिन्दी—प्रयोजनों का निश्चय करके सोद्देश्य कर्मों को ही करना चाहिए, जल्दबाज़ी में कोई कार्य नहीं करना चाहिए।

**अनुबन्धं च सम्प्रेक्ष्य विपाकं चैव कर्मणाम्।**
**उत्थानमात्मनश्चैव धीरः कुर्वीत वा न वा॥ 9॥**

हिन्दी—धैर्यवान् व्यक्ति को चाहिए कि कर्मों के उद्देश्य, परिणाम तथा अपने उत्थान का विचार करके ही कार्य आरम्भ करे या न करे।

विशेष—फलाफल का विचार करने के बाद ही कर्तव्य का निश्चय करना चाहिए।

**यः प्रमाणं न जानाति स्थाने वृद्धौ तथा क्षये।**
**कोशे जनपदे दण्डे न स राज्येऽवतिष्ठते॥ 10॥**

हिन्दी—जो राजा दुर्ग, वृद्धि हानि, कोश, देश तथा सेना के विषय में नहीं जानता वह राज्य नहीं कर सकता।

विशेष—राजा को सावधानीपूर्वक अपने गुप्तचरों द्वारा दुर्ग, कोश, सेना, वृद्धि और क्षय के विषय में जानना चाहिए। जो इसके विषय में नहीं जानता है, वह अपना स्थायित्व खा बैठता है। इसलिए राजा को सदा जागरूक रहना चाहिए।

**यस्त्वेतानि प्रमाणानि यथोक्तान्यनुपश्यति।**
**युक्तो धर्मार्थयोर्ज्ञाने स राज्यमधिगच्छति॥ 11॥**

हिन्दी—जो राजा धर्म और अर्थ का ज्ञान समझता है, वह राज्य को प्राप्त करता है।

**न राज्यं प्राप्तमित्येव वर्तितव्यमसाम्प्रतम्।**
**श्रियं ह्यविनयो हन्ति जरा रूपमिवोत्तमम्॥ 12॥**

हिन्दी—'राज्य प्राप्त हो गया' ऐसा जानकर अनुचित नहीं करना चाहिए, क्योंकि उनकी राज्यलक्ष्मी वैसे ही नष्ट हो जाती है, जैसे वृद्धावस्था उत्तम रूप को नष्ट कर देती है।

विशेष—अविवेकी व्यक्ति के पास लक्ष्मी निवास नहीं करती है, वह उसको वैसे ही छोड़ देती है जैसे वृद्धावस्था में अतीव रूपवान् का भी सौन्दर्य नष्ट हो जाता है।

**भक्ष्योत्तमप्रतिच्छन्नं मत्स्यो वडिशमायसम्।**
**लोभाभिपाती ग्रसते नानुबन्धमवेक्षते॥ 13॥**

हिन्दी—स्वादिष्ठ वस्तुओं से ढके हुए लोहे के काँटे को लोभ में फँसकर मछली उसे खा लेती है, परिणाम को नहीं देखती।

विशेष—लोभ दुखद परिणाम देने वाला होता है। इसलिए नीतिकारों ने लोभ का परित्याग करने के लिए कहा है।

**यच्छक्यं ग्रसितुं ग्रस्यं ग्रस्तं परिणमेच्च यत्।**
**हितं च परिणामे स्यात् तदाद्यं भूतिमिच्छता॥ 14॥**

हिन्दी—कल्याण चाहने वाले को वही वस्तु खानी चाहिए, जो खायी जा सके तथा खाने के योग्य हो और खाने के बाद पच सके तथा पचने के बाद हितकाहरी हो।

विशेष—भोजन हलका एवं हितकारी करना चाहिए। नीतिकार ने इसी ओर संकेत किया है।

**वनस्पतेरपक्वानि फलानि प्रचिनोति यः।**
**स नाप्नोति रसं तेभ्यो बीजं चास्य विनश्यति॥ 15॥**

हिन्दी—जो व्यक्ति वृक्ष से कच्चे फलों को तोड़ता है, उसे रस प्राप्त नहीं करता तथा वह उसके बीज को भी नष्ट कर देता है।

विशेष—वृक्ष से पके फलों को ही तोड़ना चाहिए। इससे वृक्ष में फल भी लगातार लगता है तथा वृक्ष पल्लवों से सम्पन्न रहता है।

**यस्तु पक्वमुपादत्ते काले परिणतं फलम्।**
**फलान् रसं स लभते बीजाच्चैव फलं पुनः॥ 16॥**

हिन्दी—जो व्यक्ति समय आने पर पके फल को प्राप्त करता है, वह फल से रस भी प्राप्त करता है और बीज से पुनः फल भी प्राप्त करता है।

**यथा मधु समादत्ते रक्षन् पुष्पाणि षट्पदः।**
**तद्वदर्थान्मनुष्येभ्य आदधादविहिंसया॥ 17॥**

हिन्दी—जिस प्रकार भँवरा पुष्पों की रक्षा करता हुआ मधु ग्रहण करता है, उसी प्रकार राजा भी प्रजा को बिना कष्ट दिये करादि के रूप में धन ग्रहण करे।

विशेष—प्रजा से कर के रूप में धन ग्रहण कर राजा प्रजा की भलाई के लिए लगाता है। लेकिन यह प्रक्रिया सरल हो, जिससे प्रजा में उत्पीड़न न हो। अन्यथा प्रजा में कर-चोरी करने की प्रवृत्ति जगती है, जो राष्ट्र के लिए घातक होती है। चरित्र हनन का कारण बनती है।

**पुष्पं पुष्पं विचिन्वीत मूलच्छेदं न कारयेत्।**
**मालाकार इवारामे न यथाङ्गारकारकः॥ 18॥**

हिन्दी—जिस प्रकार बाग़ीचे में माली वृक्षों से एक-एक पुष्प को तोड़ता है, उनको जड़ से नहीं तोड़ता, उसी प्रकार राजा प्रजा से फूल के समान कर ले। कोयला बनाने वाले के समान उसे जड़ से न काटे।

विशेष—माली बाग़ीचे को सींचता है, घासों को निकालता है, बाग़ को सँभालता एवं परिवर्धन करता है। उसी प्रकार राजा प्रजा की रक्षा करता है और दुष्टों का दमन करता है। साथ ही प्रजा की उन्नति के लिए उपाय भी करता है।

**किन्नु मे स्यादिदं कृत्वा किन्नु मे स्यादकुर्वतः।**
**इति कर्माणि सञ्चिन्त्य कुर्याद् वा पुरुषो न वा॥ 19॥**

हिन्दी—इस कार्य का सम्पादन करने से मुझे क्या लाभ होगा अथवा न करने से क्या हानि होगी। इस प्रकार विचार करके व्यक्ति उक्त कार्य को करे या न करे। अर्थात् किसी कार्य को करने के पहले फलाफल का विचार कर लेना चाहिए।

**अनारभ्या भवन्त्यर्थाः केचिन्नित्यं तथाऽगताः।**
**कृतः पुरुषकारो हि भवेद् येषु निरर्थकः॥ 20॥**

हिन्दी—कुछ व्यर्थ कार्य आरम्भ करने योग्य नहीं होते हैं। उनके लिए किया गया पुरुषार्थ भी निरर्थक हो जाता है।

विशेष—व्यर्थ कार्य एवं व्यर्थ परिश्रम करने से इष्टसिद्धि नहीं होती है। अतः सोद्देश्य एवं सुकर्म करने के लिए ही प्रयास करना चाहिए।

**प्रसादो निष्फलो यस्य क्रोधश्चापि निरर्थकः।**
**न तं भर्तारमिच्छन्ति षण्ढं पतिमिव स्त्रियः॥ 21॥**

हिन्दी—स्त्रियाँ नपुंसक व्यक्ति को पति बनाना नहीं चाहती हैं। उसी प्रकार जिसकी प्रसन्नता तथा क्रोध भी निरर्थक हो, ऐसे राजा को प्रजा नहीं चाहती।

**काश्चिदर्थान्नरः प्राज्ञो लघुमूलान्महाफलान्।**
**क्षिप्रमारभते कर्तुं न विघ्नयति तादृशान्॥ 22॥**

हिन्दी—जिनका साधन छोटा तथा फल महान् होता है, ऐसे कार्यों को बुद्धिमान् व्यक्ति शीघ्र ही आरम्भ करता है। ऐसे कर्मों में बाधा भी नहीं पड़ने देता है।

**ऋजुः पश्यति यः सर्वं चक्षुषानुपिबन्निव।**
**आसीनमपि तूष्णीकमनुरज्यति तं प्रजाः॥ 23॥**

हिन्दी—जो राजा कोमल दृष्टि से सबको देखता है, उसके चुप रहने पर भी जनता उससे अनुराग करती है।

**सुपुष्पितः स्यादफलः फलितः स्याद् दुरारुहः।**
**अपक्वः पक्वसङ्काशो न तु शीर्येत कर्हिचित्॥ 24॥**

हिन्दी—वृक्ष पुष्पित रहने पर भी फल न देने वाला हो, फल रहने पर भी उसे चढ़ाया न जा सके, कच्चा फल रहते हुए भी पके फल जैसा लगता हो, ऐसा वृक्ष कभी नष्ट नहीं होता है। उसी प्रकार जो राजा प्रसन्न रहने पर भी फल रहित हो, फल रहते हुए दुरारोह हो, अपक्व फल रहते हुए पके हुए फल जैसा हो, वह कभी नष्ट नहीं होता।

**चक्षुषा मनसा वाचा कर्मणा च चतुर्विधम्।**
**प्रसादयति यो लोकं तं लोकोऽनुप्रसीदति॥ 25॥**

हिन्दी—जो राजा नेत्र, मन, वचन एवं कर्म चारों से प्रजा को प्रसन्न रखता है, प्रजा उसी से प्रसन्न हो जाती है।

**यस्मात् त्रस्यन्ति भूतानि मृगव्याधान्मृगा इव।**
**सागरान्तामपि महीं लब्ध्वा स परिहीयते॥ 26॥**

हिन्दी—जिस प्रकार शिकारी से हिरण भयभीत रहते हैं, उसी प्रकार जिस राजा से प्रजा भयभीत रहती है, समुद्र तक पृथ्वी का राज्य प्राप्त कर लेने के बाद भी उसे प्रजाजन त्याग देते हैं।

विशेष—राजा शब्द का अर्थ प्रजाओं की भलाई करने वाला होता है। जो राजा इसे नहीं कर पाता है, वह समूल नष्ट हो जाता है।

**पितृपैतामहं राज्यं प्राप्तवान् स्वेन कर्मणा।**
**वायुरभ्रमिवासाद्य भ्रंशयत्यनये स्थितः॥ 27॥**

हिन्दी—पैतृक राज्य को प्राप्त करने वाला राजा अनीति पर चलकर राज्य को अपने कर्म से वैसे नष्ट कर देता है जैसे हवा मेघ को छिन्न-भिन्न कर देती है।

विशेष—आकाश कितना भी घना बादल से क्यों न छाया हो, हवा चलने पर छिन्न-भिन्न हो जाते हैं। उसी प्रकार अनीति पर चलने वाले राजा भी नष्ट हो जाते हैं।

**धर्ममाचरतो राज्ञः सद्भिश्चरितमादितः।**
**वसुधा वसुसम्पूर्णा वर्धते भूतिवर्धिनी॥ 28॥**

हिन्दी—सज्जन व्यक्तियों द्वारा किये गये धर्म का आचरण करने वाले राजा के राज्य की भूमि धन-धान्य से परिपूर्ण होकर वृद्धि को प्राप्त होती है तथा राज्य की वृद्धि होती है।

**अथ सन्त्यजतो धर्ममधर्मं चानुतिष्ठतः।**
**प्रतिसंवेष्टते भूमिरग्नौ चर्माहितं यथा॥ 29॥**

हिन्दी—जो राजा धर्म का त्याग कर देता है और अधर्म का आचरण करता है, उसके राज्य की भूमि आग में रखे हुए चमड़े के समान संकुचित हो जाती है।

विशेष—राज्य का विस्तार न्यायप्रियता एवं धर्माचरण से होता है। अन्याय पर चलने वाला राजा चाहे कितना भी शक्तिशाली क्यों न हो, कुछ ही दिनों में उसका राज्य समाप्त हो जाता है।

**य एव यत्नः क्रियते परराष्ट्रविमर्दने।**
**स एव यत्नः कर्त्तव्यः स्वराष्ट्रपरिपालने॥ 30॥**

हिन्दी—जो राजा दूसरे के राज्य को नष्ट करने के लिए जो प्रयास करता है, वही प्रयास उसे अपने राज्य के विकास में करना चाहिए।

विशेष—शत्रुओं के प्रतिकूल एवं मित्रों के लिए अनुकूल प्रयास करना चाहिए।

**धर्मेण राज्यं विन्देत धर्मेण परिपालयेत्।**
**धर्ममूलां श्रियं प्राप्य न जहाति न हीयते॥ 31॥**

हिन्दी—राजा को चाहिए कि वह धर्मपूर्वक राज्य प्राप्त करे तथा धर्म से ही राज्य की रक्षा करे। धर्ममूलक राज्यलक्ष्मी को प्राप्त करने के बाद उस राजा को राज्यलक्ष्मी नहीं छोड़ती।

विशेष—धर्माचरण करने से प्रारम्भ में अनेक समस्याएँ आती हैं, लेकिन अन्त में धर्म की ही विजय होती है। 'यतो धर्मः ततो जयः'। इसलिए धर्माचरण से ही सांसारिक व्यवहार का निर्वाह करना चाहिए।

**अप्युन्मत्तात् प्रलपतो बालाच्च परिजल्पतः।**
**सर्वतः सारमादद्यात् अश्मभ्य इव काञ्चनम्॥ 32॥**

हिन्दी—जिस प्रकार खान से सोने को निकाला जाता है, उसी प्रकार पागल, प्रलाप करने वाले, बालक और वाचाल से भी सारभूत अंश को ग्रहण करना चाहिए।

**सुव्याहृतानि सूक्तानि सुकृतानि ततस्ततः।**
**सञ्चिन्वन् धीर आसीत् शिलाहारी शिलं यथा॥ 33॥**

हिन्दी—जैसे शील-वृत्ति से जीविका चलाने वाला तपस्वी एक-एक मंजरी को एकत्र करके जीवन बिताता है, उसी प्रकार धैर्यवान् व्यक्ति को वचनों, सूक्तियों और सत्कर्मों का जहाँ-तहाँ से संग्रह करना चाहिए।

**गन्धेन गावः पश्यन्ति वेदैः पश्यन्ति ब्राह्मणाः।**
**चारैः पश्यन्ति राजानश्चक्षुर्भ्यामितरे जनाः॥ 34॥**

हिन्दी—गायें गन्ध से देखती हैं, ब्राह्मण वेदों से देखते हैं, राजा गुप्तचरों के द्वारा तथा साधारण जन अपने नेत्रों से देखते हैं।

विशेष—आँखों से देखना राजाओं के लिए सम्भव भी नहीं है, इसलिए राजा लोग दूतों के द्वारा प्रजा के विषय में जानते हैं। यह धृतराष्ट्र के लिए भी संकेत है कि गुप्तचरों द्वारा पाण्डवों के विषय में जानकारी प्राप्त करें।

**भूयांसं लभते क्लेशं या गौर्भवति दुर्दुहा।**
**अथ या सुदुहा राजन् नैव तां वितुदन्त्यपि॥ 35॥**

हिन्दी—हे राजन्! जो गाय कठिनाई से दूध देती है, वह अत्यधिक दुःखों को प्राप्त होती है। जो सुलभ प्रकार से दूध दे देती है, उसको कोई भी कष्ट नहीं देता।

विशेष—दूध देने वाली गाय की लातें भी सहते हैं, लेकिन दूध नहीं देने वाली गाय को चारा भी ठीक से नहीं मिलता। इसलिए जिससे लाभ होता है, उसकी बातें भी सहते हैं, अन्यथा उसे छोड़ देते हैं।

**यदतप्तं प्रणमति न तत् सन्तापयन्त्यपि।**
**यश्च स्वयं नतं दारुं न तत् सन्नमयन्त्यपि॥ 36॥**

हिन्दी—जो धातु बिना तपाये मुड़ जाता है, उसे गरम नहीं किया जाता। जो लकड़ी स्वयं झुकी होती है, उसे कोई नहीं झुकाता।

विशेष—यहाँ विदुर का अभिप्राय है कि पाण्डव स्वयं नम्र एवं आपकी इच्छा के अनुसार चलने वाले हैं। अतः प्रसन्न कर उनका लालन-पालन कीजिए।

**एतयोपमया धीरः सन्नमेत बलीयसे।**
**इन्द्राय स प्रणमते नमते यो बलीयसे॥ 37॥**

हिन्दी—इस उदाहरण के द्वारा धैर्यवान् व्यक्ति को बलवान् के सामने झुक जाना चाहिए। जो बलवान् के सामने झुकता है, वह इन्द्र को प्रणाम करता है।

**पर्जन्यनाथाः पशवो राजानो मन्त्रिबान्धवाः।**
**पतयो बान्धवाः स्त्रीणां ब्राह्मणा वेदबान्धवाः॥ 38॥**

हिन्दी—मेघ पशुओं के रक्षक होते हैं, राजा के रक्षक मन्त्री होते हैं, स्त्रियों के रक्षक उनके स्वामी होते हैं तथा ब्राह्मण वेद के रक्षक हैं।

**सत्येन रक्ष्यते धर्मो विद्या योगेन रक्ष्यते।**
**मृजया रक्ष्यते रूपं कुलं वृत्तेन रक्ष्यते॥ 39॥**

हिन्दी—सत्य के द्वारा धर्म की रक्षा होती है, योग से विद्या की रक्षा

होती है, स्वच्छता से सौन्दर्य की रक्षा होती है तथा उत्तम आचरण से वंश की रक्षा होती है।

**मानेन रक्ष्यते धान्यमश्वान् रक्षत्यनुक्रमः।**
**अभीक्ष्णदर्शनं गाश्च स्त्रियो रक्ष्या कुचैलतः॥ 40॥**

हिन्दी—मापने-तौलने से धान्य की रक्षा होती है, फेरने से घोड़े की रक्षा होती है, बार-बार की देखभाल से गौओं की और गन्दे वस्त्रों से स्त्रियों की रक्षा करनी चाहिए।

**न कुलं वृत्तहीनस्य प्रमाणमिति मे मतिः।**
**अन्तेष्वपि हि जातानां वृत्तमेव विशिष्यते॥ 41॥**

हिन्दी—चरित्रहीन व्यक्ति का श्रेष्ठ कुल प्रमाण नहीं हो सकता, क्योंकि निम्न कुल में उत्पन्न मनुष्य का भी आचार श्रेष्ठ हो सकता है।

**य ईर्षुः परवित्तेषु रूपे वीर्ये कुलान्वये।**
**सुखसौभाग्यसत्कारे तस्य व्याधिरनन्तः॥ 42॥**

हिन्दी—जो दूसरे के धन, रूप, वीरता, कुलीनता, सौभाग्य और सम्मान पर ईर्ष्या करता है, उसका यह रोग असाध्य होता है।

**अकार्यकरणाद् भीतः कार्याणाञ्च विवर्जनात्।**
**अकाले मन्त्रभेदाच्च येन माद्येन्न तत् पिबेत्॥ 43॥**

हिन्दी—व्यक्ति को चाहिए कि वह न करने योग्य कार्य करने से डरता रहे तथा करणीय कार्यों के न करने से एवं कार्यसिद्धि से पूर्व मन्त्रभेदन से डरता रहे तथा नशा देने वाली वस्तु का पान न करे।

**विद्यामदो धनमदस्तृतीयोऽभिजनो मदः।**
**मदा एतेऽवलिप्तानामेत एव सतां दमाः॥ 44॥**

हिन्दी—विद्या का मद, सम्पत्ति का मद, उच्च कुल में उत्पन्न होने एवं सहायकों का मद केवल अविवेकियों को होता है, सज्जनों के लिए तो ये मद दमन के द्वारा शान्तिकारक होते हैं।

**असन्तोऽभ्यर्थिताः सद्भिः क्वचित् कार्ये कदाचन।**
**मन्यन्ते सन्तमात्मानमसन्तमपि विश्रुतम्॥ 45॥**

हिन्दी—कभी-कभी किसी कार्य के लिए सज्जनों द्वारा प्रार्थना किये जाने पर दुर्जन अपनेआप को भी सज्जन मानने लगते हैं।

विशेष—सज्जनों को दुर्जनों से सहायता नहीं लेनी चाहिए। या तो कार्य सिद्ध नहीं होंगे अथवा बीच में विघ्न उत्पन्न कर देंगे। क्योंकि उनका स्वभाव सदा नीचता से भरा ही रहता है।

**गतिरात्मवतां सन्तः सन्त एव सतां गतिः।**
**असतां च गतिः सन्तो न त्वसन्तः सतां गतिः॥ 46॥**

हिन्दी—आत्मज्ञ व्यक्तियों का सहारा सत्पुरुष होते हैं, सत्पुरुषों का सहारा भी सत्पुरुष ही होते हैं तथा असत्पुरुषों का सहारा भी सत्पुरुष ही होते हैं। असत्पुरुष सत्पुरुषों के सहारा नहीं होते।

विशेष—सज्जन सबका सहारा होते हैं, परन्तु असत्पुरुष तो सत्पुरुषों की भी सहायता नहीं करते। प्रस्तुत प्रसंग से सम्बन्ध है कि पाण्डव समय आने पर तुम्हारे उपकारक हो सकते हैं, लेकिन तुम उनके सहायक नहीं बन सकते हो।

**जिता सभा वस्त्रवता मिष्टाशा गोमता जिता।**
**अध्वा जितो यानवता सर्वं शीलवता जितम्॥ 47॥**

हिन्दी—सुन्दर वस्त्र धारण करने वाला सभी को जीत लेता है, गायवाला व्यक्ति मीठे स्वाद की इच्छा को जीत लेता है, सवारी से चलने वाला मार्ग को जीत लेता है तथा शीलसम्पन्न व्यक्ति अपने स्वभाव से सभी को जीत लेता है।

**शीलं प्रधानं पुरुषे तद् यस्येह प्रणश्यति।**
**न तस्य जीवितेनार्थो न धनेन न बन्धुभिः॥ 48॥**

हिन्दी—व्यक्ति में शील ही प्रधान है। इसी कारण इस लोक में वह शील जिस व्यक्ति में नष्ट हो जाता है, उसका न जीने से कोई प्रयोजन होता है और न धन से और न ही बन्धुओं से अर्थात् उसका जीना व्यर्थ है।

**आढ्यानां मांसपरमं मध्यानां गोरसोत्तरम्।**
**तैलोत्तरं दरिद्राणां भोजनं भरतर्षभ॥ 49॥**

हिन्दी—हे धृतराष्ट्र! धनवानों का भोजन मांस-प्रधान होता है, मध्यम स्थिति वाले लोगों में दूध-दही की प्रधानता होती है और दरिद्रों के भोजन में तैल की प्रधानता होती है।

**सम्पन्नतरमेवान्नं दरिद्राः भुञ्जते सदा।**
**क्षुत्स्वादुतां जनयति सा चाढ्येषु सुदुर्लभा॥ 50॥**

हिन्दी—दरिद्र व्यक्ति सदा उत्तम अन्नों को ही खाते हैं, क्योंकि उनकी भूख के कारण अन्न में स्वादुत्व रहता है। धनवानों के लिए यह दुर्लभ है, क्योंकि उन्हें भूख ही नहीं लगती। वे प्रायः मन्दाग्नि से पीड़ित रहते हैं।

विशेष—धन के अभाव में भूख अधिक लगती है। जो भी खा लिया जाता है वह सब पच जाता है।

**प्रायेण श्रीमतां लोके भोक्तुं शक्तिर्न विद्यते।**
**जीर्यन्त्यपि हि काष्ठानि दरिद्राणां महीपते॥ 51॥**

हिन्दी—हे राजन्! प्रायः लोक में धनवानों में खाने की शक्ति नहीं होती है और दरिद्रों को लकड़ियाँ भी पच जाती हैं। अर्थात् वे जो भी खा लेते हैं, उसे पचा लेते हैं।

**अवृत्तिर्भयमन्त्यानां मध्यानां मरणाद् भयम्।**
**उत्तमानां तु मर्त्यानामवमानात् परं भयम्॥ 52॥**

हिन्दी—साधारण लोगों को जीविका-निर्वाह के साधनों का भय रहता है, मध्यम लोगों को मृत्यु का भय होता है, लेकिन उत्तम लोगों को केवल अपमान का ही भय होता है।

**ऐश्वर्यमदपापिष्ठा मदाः पानमदादयः।**
**ऐश्वर्यमदमत्तो हि नापतित्वा विबुध्यते॥ 53॥**

हिन्दी—मदिरापान करने से भी मद होता है, लेकिन ऐश्वर्य का मद पापपूर्ण होता है। ऐश्वर्य के मद से मतवाला पतित हुए बिना ज्ञान प्राप्त नहीं कर सकता।

**इन्द्रियैरिन्द्रियार्थेषु वर्तमानैरनिग्रहैः।**
**तैरयं ताप्यते लोको नक्षत्राणि ग्रहैरिव॥ 54॥**

हिन्दी—वश में न रहने के कारण इन्द्रियों के द्वारा संसार वैसे ही कष्ट प्राप्त करता है, जैसे ग्रहों से नक्षत्र।

विशेष—कभी इच्छा की शान्ति नहीं होती। जो विषय-भोग में समय बिताते हैं, उनका अन्त दुखद होता है। उन्हें संसार में कभी भी शान्ति नहीं मिलती है।

**यो जितः पञ्चवर्गेण सहजेनात्मकर्षिणा।**
**आपदस्तस्य वर्धन्ते शुक्लपक्ष इवोडुराट्॥ 55॥**

हिन्दी—जो मनुष्य वश में करने वाली इन्द्रियों से अपनी आँख, कान, नाक, तथा जिह्वा पर विजय प्राप्त नहीं कर लेता, उसकी विपत्तियाँ शुक्लपक्ष के चन्द्रमा की भाँति बढ़ती जाती हैं।

**अविजित्य य आत्मानममात्यान् विजिगीषते।**
**अमित्रान् वाऽजितामात्यः सोऽवशः परिहीयते॥ 56॥**

हिन्दी—जो अपने मन-इन्द्रियों को जीते बिना मन्त्रियों को जीतना चाहता है, मन्त्रियों को वश में किये बिना शत्रुओं को जीतना चाहता है, वह नष्ट हो जाता है।

विशेष—जो स्वयं को नहीं जीत सकता, उसके वश में दूसरे कैसे हो सकते हैं?

**आत्मानमेव प्रथमं द्वेयरूपेण यो जयेत्।**
**ततोऽमात्यानमित्रांश्च न मोघं विजिगीषते॥ 57॥**

हिन्दी—जो राजा स्वयं को शत्रु समझकर जीत लेता है, उसके बाद मन्त्रियों और शत्रुओं को जीतने की इच्छा रखता है, उसे अवश्य सफलता मिलती है।

**वश्येन्द्रियं जिताऽत्मानं धृतदण्डं विकारिषु।**
**परीक्ष्य कारिणं धीरमत्यन्तं श्रीर्निषेवते॥ 58॥**

हिन्दी—इन्द्रियों तथा मन को वश में करने वाले, अपराधियों को दण्ड देने वाले तथा निरीक्षण कर कार्य करने वाले धीर व्यक्ति की लक्ष्मी निरन्तर बढ़ती रहती है। अतः इस प्रकार राजनीति-विरुद्ध कार्य मत करो।

**रथः शरीरं पुरुषस्य राजन्नात्मा नियन्तेन्द्रियाण्यस्य चाश्वाः।**
**तैरप्रमत्तः कुशली सदश्वैर्दान्तैः सुखं याति रथीव धीरः॥ 59॥**

हिन्दी—हे राजन्! मनुष्य का यही शरीर रथ है, बुद्धि इसका सारथी है, इन्द्रियाँ घोड़े हैं, इनको वश में करके सावधान रहने वाला कुशल एवं धैर्यवान् व्यक्ति ही रथी की भाँति वश में किये हुए अश्वों से सुखपूर्वक यात्रा करता है।

**एतान्यनिगृहीतानि व्यापादयितुमप्यलम्।**
**अविधेया इवादान्ता हयाः पथि कुसारथिम्॥60॥**

हिन्दी—न सिखाये गये तथा वश में न आने वाले अश्व जैसे मूर्ख सारथि को मार्ग में मार डालते हैं, वैसे ही वश में न की गयी इन्द्रियाँ मनुष्य को मारने में समर्थ होती हैं।

विशेष—जिस मनुष्य की इन्द्रियाँ वश में नहीं हैं, वह अवश्य ही नष्ट हो जाता है।

**अनर्थमर्थतः पश्यन्नर्थं चैवाप्यनर्थतः।**
**इन्द्रियैरजितैर्बालः सुदुःखं मन्यते सुखम्॥61॥**

हिन्दी—इन्द्रियों पर विजय न प्राप्त करने वाले अर्थ को अनर्थ तथा अनर्थ को अर्थ समझकर मूर्ख व्यक्ति महान् दुःख को सुख समझता है। अज्ञान के कारण सुख में दुःख और दुःख में सुख का ज्ञान होता है।

**धर्मार्थौ यः परित्यज्य स्यादिन्द्रियवशानुगः।**
**श्रीप्राणधनदारेभ्यः क्षिप्रं स परिहीयते॥62॥**

हिन्दी—जो धर्म तथा अर्थ को छोड़कर इन्द्रियों के वशीभूत हो जाता है, वह लक्ष्मी, प्राण, धन तथा स्त्री से रहित हो जाता है।

**अर्थानामीश्वरो यः स्यादिन्द्रियाणामनीश्वरः।**
**इन्द्रियाणामनैश्वर्यादैश्वर्याद् भ्रश्यते हि सः॥63॥**

हिन्दी—जो व्यक्ति धनसम्पन्न होने पर भी इन्द्रियों पर अधिकार नहीं रखता, इन्द्रियों को वश में न रखने के कारण वह ऐश्वर्य से भ्रष्ट हो जाता है।

**आत्मनाऽऽत्मानमन्विच्छेन्मनोबुद्धीन्द्रियैर्यतैः।**
**आत्मा ह्येवात्मनो बन्धुरात्मैव रिपुरात्मनः॥64॥**

हिन्दी—मन, बुद्धि तथा इन्द्रियों को वश में करके अपनी आत्मा को जानने की इच्छा करें, क्योंकि आत्मा ही अपना बन्धु तथा आत्मा ही अपना शत्रु है।

**बन्धुरात्माऽऽत्मनस्तस्य येनैवात्माऽऽत्मना जितः।**
**स एव नियतो बन्धुः स एव नियतो रिपुः॥65॥**

हिन्दी—जिसने अपने से आत्मा को जीत लिया है, आत्मा उसका ही बन्धु है, वही सच्चा बन्धु है और वही निश्चित रूप से शत्रु है।

**क्षुद्राक्षेणेव जालेन झषावपिहितावुरू।**
**कामश्च राजन् क्रोधश्च तौ प्रज्ञानं विलुम्पतः॥66॥**

हिन्दी—राजन्! जैसे सूक्ष्म छेदवाले जाल में फँसी हुई दो बड़ी मछलियाँ मिलकर जाल को काट देती हैं, वैसे ही काम और क्रोध दोनों ज्ञान को नष्ट कर देते हैं।

**समवेक्ष्येह धर्मार्थौ सम्भारान् योऽधिगच्छति।**
**स वै सम्भृतसम्भारः सततं सुखमेधते॥67॥**

हिन्दी—जो व्यक्ति इस जगत् में धर्म एवं अर्थ दोनों को सम्यक् प्रकार से सोच-विचार कर अपनी उन्नति के साधनों को प्राप्त करता है, वह निश्चित रूप से एकत्रित हुए साधनों से सुखपूर्वक हमेशा उन्नति करता जाता है।

**यः पञ्चाभ्यन्तरान् शत्रूनविजित्य मनोमयान्।**
**जिगीषति रिपूनन्यान् रिपवोऽभिभवन्ति तम्॥68॥**

हिन्दी—जो मन के विकारभूत पाँच इन्द्रियरूपी भीतर के शत्रुओं को जीते बिना ही शत्रुओं को जीतने की इच्छा करता है, उसको शत्रु पराजित कर देते हैं।

**दृश्यन्ते हि महात्मानो वध्यमानाः स्वकर्मभिः।**
**इन्द्रियाणामनीशत्वात् राजानो राज्यविभ्रमैः॥69॥**

हिन्दी—इन्द्रियों को वश में न कर पाने के कारण महात्मा अपने कर्मों से तथा राजा अपने राज्य के भोग-विलास से बँधे होकर नष्ट होते हुए दिखाई देते हैं। रावण-दुर्योधन आदि इसके उदाहरण हैं।

**असन्त्यागात् पापकृतामपापांस्तुल्यो दण्डः स्पृशते मिश्रभावात्।**
**शुष्केणार्द्रं दह्यते मिश्रभावात् तस्मात् पापैः सह सन्धिं न कुर्य्यात्॥70॥**

हिन्दी—जैसे सूखी लकड़ी के साथ गीली लकड़ी भी जल जाती है। उसी प्रकार पापियों का परित्याग न करके उनके साथ मिले रहने से निरपराधी भी उनके समान ही दण्ड प्राप्त करता है।

विशेष—यहाँ विदुर जी धृतराष्ट्र से कहते हैं कि हे राजन्! यद्यपि तुम्हारे हृदय में पाण्डवों के विषय में किसी प्रकार का दुष्टभाव नहीं है, परन्तु दुर्योधनादि के सम्पर्क से तथा उनका साथ देने के कारण पाण्डवों पर अत्याचार हो रहे हैं। परिणामस्वरूप तुम भी दुर्योधन के साथ विनाश को प्राप्त हो जाओगे।

**निजानुत्पततः शत्रून् पञ्च पञ्चप्रयोजनान्।**
**यो मोहान्न निगृह्णाति तमापद् ग्रसते नरम्॥71॥**

हिन्दी—जो मनुष्य ग़लत मार्ग पर चलने वाली इन्द्रियों के पाँचों विषयों को वश में नहीं करता है, उसे विपत्ति ग्रस लेती है।

विशेष—धृतराष्ट्र को विदुर समझाने का प्रयास करते हैं तथा कहते हैं कि तुम कुमार्गगामी मन को नहीं रोकने के कारण दुखी हो। इसलिए पहले इसी को वशीभूत करो।

**अनसूयाऽऽर्जवं शौचं सन्तोषः प्रियवादिता।**
**दमः सत्यमनायासो न भवन्ति दुरात्मनाम्॥72॥**

हिन्दी—दुर्जनों में असूया का अभाव, सरलता, पवित्रता, सन्तोष, प्रिय बोलना, इन्द्रिय-दमन करना, सत्य और चंचलता का अभाव—ये सब नहीं होते हैं।

**आत्मज्ञानमनायासस्तितिक्षा धर्मनित्यता।**
**वाक् चैव गुप्ता दानं च नैतान्यन्त्येषु भारत॥73॥**

हिन्दी—हे धृतराष्ट्र! आत्मज्ञान, खिन्नता का अभाव, सहनशीलता, धर्मनिष्ठता, वचन की रक्षा तथा दान—ये गुण दुर्जनों में नहीं होते हैं।

**आक्रोशपरिवादाभ्यां विहिंसन्त्यबुधा बुधान्।**
**वक्ता पापमुपादत्ते क्षममाणो विमुच्यते॥74॥**

हिन्दी—मूर्ख लोग विद्वान् को गाली एवं निन्दा के द्वारा कष्ट पहुँचाते हैं। गाली देने वाला पापयुक्त हो जाता है और क्षमा करने वाला पापरहित हो जाता है।

**हिंसाबलमसाधूनां राज्ञा दण्डविधिर्बलम्।**
**शुश्रूषा तु बलं स्त्रीणां क्षमा गुणवतां बलम्॥ 75॥**

हिन्दी—दुर्जनों का बल हिंसा है, राजाओं का बल दण्ड-विधान होता है, स्त्रियों का बल सेवा करना है और गुणवानों का बल क्षमा है।

**वाक्संयमो हि नृपते! सुदुष्करतमो मतः।**
**अर्थवच्च विचित्रञ्च न शक्यं बहु भाषितुम्॥ 76॥**

हिन्दी—हे राजन्! वाणी का संयम अति कठिन है, परन्तु सारगर्भित एवं चमत्कारपूर्ण वचन भी अधिक नहीं कहा जा सकता है।

**अभ्यावहति कल्याणं विविधं वाक् सुभाषिता।**
**सैव दुर्भाषिता राजन्ननर्थायोपपद्यते॥ 77॥**

हिन्दी—राजन्! सुन्दर शब्दों में कही गयी बातें अनेक कल्याण करती हैं, किन्तु वही यदि बुरे शब्दों में कही जायें तो अनेक अनर्थ कर देती हैं।

**रोहते सायकैर्विद्धं वनं परशुना हतम्।**
**वाचा दुरुक्तं बीभत्सं न संरोहति वाक्क्षतम्॥ 78॥**

हिन्दी—बाणों से वेधा गया, फरसे से काटा गया वन पुनः पनप जाता है, लेकिन वाणी द्वारा कहा गया दुर्वचन कभी भूल नहीं पाता है।

विशेष—दुर्योधन के प्रति द्रौपदी की वाणी ही महाभारत का कारण बनी। जिसके कारण अनेक प्रकार के अनर्थ हुए हैं। इसलिए कभी भी दुर्वचन नहीं बोलना चाहिए।

**कर्णिनालीकनाराचान्निर्हरन्ति शरीरतः।**
**वाक्शल्यस्तु न निर्हर्तुं शक्यो हृदिशयो हि सः॥ 79॥**

हिन्दी—कान तक खींचकर नली में रखकर फेंके गये लोहे के बाण को शरीर से निकाला जा सकता है, लेकिन हृदय में बैठी हुई वाणीरूपी बाण से छेदे गये काँटे को नहीं निकाला जा सकता।

**वाक्सायका वदनान्निष्पतन्ति यैराहतः शोचति रात्र्यहानि।**
**परस्य नामर्मसु ते पतन्ति तान् पण्डितो नावसृजेत् परेभ्यः॥ 80॥**

हिन्दी—वाक्रूपी बाण मुख से निकलकर दूसरे के कोमल हृदय पर प्रहार करते हैं, जिससे आहत मनुष्य दिन-रात शोक करता है। इसलिए बुद्धिमान् दूसरों पर कटु वचनों का प्रयोग न करे।

विशेष—यहाँ विदुर दुर्योधन आदि के द्वारा द्रौपदी के प्रति सभा में कहे गये दुर्वचनों एवं क्रिया-कलापों को स्मरण करा कर यह कहना चाहते हैं कि युधिष्ठिर आदि उसे कभी भी नहीं भूल पायेंगे।

**यस्मै देवाः प्रयच्छन्ति पुरुषाय पराभवम्।**
**बुद्धिं तस्यापकर्षन्ति सोऽवाचीनानि पश्यति॥ 81॥**

हिन्दी—जिस मनुष्य को देवता पराजय देते हैं, उसकी बुद्धि को पहले ही नष्ट कर देते हैं। वह सद्बुद्धि नहीं रहने के कारण नीच कर्मों को ही देखता है।

**बुद्धौ कलुषभूतायां विनाशे प्रत्युपस्थिते।**
**अनयो नयसङ्काशो हृदयान्नावसर्पति॥ 82॥**

हिन्दी—विनाशकाल उपस्थित होने पर बुद्धि नष्ट हो जाती है, अतः नीति के समान होने के कारण अनीति हृदय से नहीं निकलती है।

**सेयं बुद्धिः परीता ते पुत्राणां भरतर्षभ।**
**पाण्डवानां विरोधेन न चैनानवबुध्यसे॥ 83॥**

हिन्दी—हे धतृराष्ट्र! तुम्हारे पुत्रों की वह बुद्धि पाण्डवों के साथ विरोध के कारण नष्ट हो गयी है। इन मलिन बुद्धिवाले अपने पुत्रों को तुम नहीं जानते हो।

**राजा लक्षणसम्पन्नस्त्रैलोक्यस्यापि यो भवेत्।**
**शिष्यस्ते शासिता सोऽस्तु धृतराष्ट्र युधिष्ठिरः॥ 84॥**

हिन्दी—हे धृतराष्ट्र! राजा के लक्षणों से युक्त होने के कारण जो त्रिलोक का भी राजा हो सकता है, वह आपका आज्ञाकारी युधिष्ठिर पृथ्वी का शासक हो।

**अतीव सर्वान् पुत्रास्ते भागधेयपुरस्कृतः।**
**तेजसा प्रज्ञया चैव युक्तो धर्मार्थतत्त्ववित्॥85॥**

हिन्दी—यह राज्यांश से पुरस्कृत धर्म और अर्थ के तत्त्व को जानने वाला युधिष्ठिर तुम्हारे सभी पुत्रों से अधिक तेज और बुद्धि से युक्त है।

**अनुक्रोशादानृशंस्याद् योऽसौ धर्मभृतां वरः।**
**गौरवात् तव राजेन्द्र बहून् क्लेशांस्तितिक्षते॥86॥**

हिन्दी—हे राजेन्द्र धृतराष्ट्र! धार्मिकों में कृपायुक्त और क्रूरताहीन तथा आपके प्रति आदर बुद्धि के कारण युधिष्ठिर अनेक कष्ट भोग रहा है।

**॥ द्वितीय अध्याय समाप्त ॥**

# तृतीयोऽध्यायः

**धृतराष्ट्र ने कहा–**

**ब्रूहि भूयो महाबुद्धे धर्मार्थसहितं वचः।**
**शृण्वतो नास्ति मे तृप्तिर्विचित्राणीह भाषसे॥ 1॥**

हिन्दी–हे विद्वान् विदुर जी! धर्मार्थ-युक्त वचन को पुनः सुनाओ, मुझे सुनते हुए सन्तोष नहीं है। तुम आश्चर्यजनक भाषण करते हो।

विशेष–विदुर के वचन को सुनकर धृतराष्ट्र का मोहान्धकार उजागर होने लगा है। अतः अपने भावों को स्पष्ट करने के लिए एवं ज्ञान पिपासा को शान्त करने के लिए पुनः विदुर से पूछा।

**विदुर ने कहा–**

**सर्वतीर्थेषु वा स्नानं सर्वभूतेषु चार्जवम्।**
**उभे त्वेते समे स्यातामार्जवं वा विशिष्यते॥ 2॥**

हिन्दी–समस्त तीर्थों में स्नान करना तथा समस्त प्राणियों के साथ सरलता का व्यवहार करना–ये दोनों समान हैं, इनमें सरलता श्रेष्ठ है।

**आर्जवं प्रतिपद्यस्व पुत्रेषु सततं विभो।**
**इह कीर्तिं परां प्राप्य प्रेत्य स्वर्गमवाप्स्यसि॥ 3॥**

हिन्दी–हे महाराज! आप अपने पुत्रों कौरवों एवं पाण्डवों से निरन्तर सरलता का व्यवहार कीजिए! इससे इस संसार में यश और मरने के बाद स्वर्ग मिलेगा।

**यावत्कीर्तिर्मनुष्यस्य पुण्या लोके प्रगीयते।**
**तावत् स पुरुषव्याघ्र स्वर्गलोके महीयते॥ 4॥**

हिन्दी–हे नरश्रेष्ठ! इस संसार में जब तक मनुष्य के पुण्य यश का गान किया जाता है, तब तक वह स्वर्गलोक में प्रतिष्ठित होता है।

**अत्राप्युदाहरन्तीममितिहासं पुरातनम्।**
**विरोचनस्य संवादं केशिन्यर्थे सुधन्वना॥ 5॥**

हिन्दी—इस विषय में प्राचीन इतिहास का उदाहरण देते हैं, जिसमें केशिनी के लिए सुधन्वा का संवाद वर्णित है।

विशेष—वक्ता को दृष्टान्त-कुशल होना चाहिए, जैसे प्रह्लाद ने अपने पुत्र विरोचन का पक्ष न लेकर सत्य भाषण किया, अंगिरा के पुत्र सुधन्वा को श्रेष्ठ स्वीकार किया; उसी प्रकार राज्यादि के विषय में दुर्योधन का पक्ष न लेकर न्याय का पक्ष लेकर युधिष्ठिर पर कृपा करो।

**स्वयंवरे स्थिता कन्या केशिनी नाम नामतः।**
**रूपेणाप्रतिमा राजन् विशिष्टपतिकाम्यया॥ 6॥**

हिन्दी—हे राजन्! केशिनी नाम की अप्रतिम सुन्दरी कन्या उत्तम पति की प्राप्त करने की इच्छा से स्वयंवर में आयी।

**विरोचनोऽथ दैतेयस्तदा तत्राजगाम ह।**
**प्राप्तुमिच्छंस्ततस्तत्र दैत्येन्द्रं प्राह केशिनी॥ 7॥**

हिन्दी—केशिनी को प्राप्त करने की इच्छा से दिति का पुत्र विरोचन वहाँ स्वयंवर में पहुँचा। तब केशिनी ने दैत्येन्द्र से कहा।

विशेष—विरोचन प्रह्लाद का पुत्र एवं बलि का पिता था। लेकिन यहाँ पर केवल पत्नी के रूप में केशिनी को प्राप्त करने की इच्छावाले युवक के रूप में वर्णन किया गया है।

**केशिनी ने कहा—**

**किंब्राह्मणाःस्विच्छ्रेयांसोदितिजाःस्विद्विरोचन।**
**अथ केन स्म पर्यङ्कं सुधन्वा नाधिरोहति॥ 8॥**

हिन्दी—विरोचन! ब्राह्मण श्रेष्ठ होते हैं या दैत्य? यदि ब्राह्मण श्रेष्ठ होते हैं तो क्यों न सुधन्वा मेरी शय्या पर चढ़े अर्थात् मेरा विवाह उसी के साथ क्यों न हो?

**विरोचन ने कहा—**

**प्राजापत्यास्तु वै श्रेष्ठा वयं केशिनि सत्तमाः।**
**अस्माकं खल्विमे लोकाः के देवाः के द्विजातयः॥ 9॥**

हिन्दी—हम प्रजापति की सन्तान निश्चय ही सर्वश्रेष्ठ हैं। हमारे सामने देवता कौन हैं और ब्राह्मण कौन हैं? अर्थात् मेरे सामने इन दोनों का कोई महत्त्व नहीं है।

विशेष—प्रजापति कश्यप की दो पत्नियाँ थीं; एक का नाम दिति और दूसरी का अदिति था। दिति के पुत्र दैत्य और अदिति के पुत्र आदित्य कहलाये। आयु और शक्ति के अनुसार दिति बड़ी थी। इसलिए दैत्य बड़े पुत्र होने के कारण पृथ्वी के स्वामी बने। उन्होंने अपने छोटे भाई देवों को कोई भाग नहीं दिया, फलस्वरूप देवासुर-संग्राम हुआ। दानव परास्त हुए, देव राज्याधिकारी हुए। विदुर ने इसी अभिप्राय से धृतराष्ट्र से यह प्रसंग कहा है तथा दुर्योधन के द्वारा दायांश देने एवं अभिमान छोड़ने का आग्रह किया है।

**केशिनी ने कहा—**

**इहैवावां प्रतीक्षाव उपस्थाने विरोचन।**
**सुधन्वा प्रातरागन्ता पश्येयं वां समागतौ॥ 10॥**

हिन्दी—विरोचन! हम दोनों इसी स्थान पर प्रतीक्षा करें। प्रातः सुधन्वा आयेगा, मैं तुम दोनों को सम्मुख उपस्थित होने पर देखूँगी।

विशेष—विशेष गुणों का निर्णय आमने-सामने होता है। सज्जन लोग किसी का भी गुण-दोष उसके सम्मुख ही प्रस्तुत करते हैं। दुर्जन लोग पीछे निन्दा एवं सामने प्रशंसा कर सुख-दुःख पहुँचाते हैं।

**विरोचन ने कहा—**

**तथा भद्रे करिष्यामि यथा त्वं भीरु भाषसे।**
**सुधन्वानं च मां चैव प्रातर्द्रष्टासि सङ्गतौ॥ 11॥**

हिन्दी—हे भद्रे! जैसा तुम कहती हो वैसा ही करता हूँ। हे भीरु! तुम मुझे और सुधन्वा को प्रातःकाल ही एक साथ देखोगी।

**विदुर ने कहा—**

**अतीतायां च शर्वर्यामुदिते सूर्यमण्डले।**
**अथाजगाम तं देशं सुधन्वा राजसत्तम॥ 12॥**

**विरोचनो यत्र विभो केशिन्या सहितः स्थितः।**
**सुधन्वा च समागच्छत् प्राह्लादिं केशिनीं तथा॥ 13॥**

हिन्दी—राजश्रेष्ठ धृतराष्ट्र! रात्रि के बीत जाने और सूर्योदय हो जाने के बाद सुधन्वा उस स्थान पर आया, जहाँ केशिनी और विरोचन (प्रह्लाद का पुत्र) पहले से ठहरे थे। सुधन्वा केशिनी और प्रह्लाद के पुत्र विरोचन के पास पहुँचा।

**समागतं द्विजं दृष्ट्वा केशिनी भरतर्षभ।**
**प्रत्युत्थायासनं तस्मै पाद्यमर्घ्यं ददौ पुनः॥ 14॥**

हिन्दी—हे भरतकुलश्रेष्ठ धृतराष्ट्र! सुधन्वा को आये हुए देखकर केशिनी ने उसे हाथ-पाँव एवं पूजा हेतु जल प्रदान किया।

विशेष—भारतीय संस्कृति में यह व्यवस्था है कि अतिथि का सर्वतोभावेन सत्कार करना चाहिए। घर में आये हुए अतिथि या मनुष्य देवता के समान पूजनीय होते हैं। 'अतिथिदेवो भव' की घोषणा वेद में भी गयी गयी है।

**सुधन्वा ने कहा—**

**अन्वालभे हिरण्मयं प्राह्लादे ते वरासनम्।**
**एकत्वमुपसम्पन्नो न त्वासेऽहं त्वया सह॥ 15॥**

हिन्दी—हे विरोचन! मैं तुम्हारे श्रेष्ठ सोने के आसन को केवल स्पर्श करता हूँ, क्योंकि एक साथ तुम्हारे साथ एक आसन पर नहीं बैठूँगा। समान लोग ही एक आसन पर बैठते हैं।

विशेष—एक आसन पर समान गुण, अवस्था और धर्मवाले लोग ही बैठते हैं, भिन्न वर्गवाले नहीं। इन विशेष दृष्टियों से मैं तुम्हारे बराबर न होकर तुमसे श्रेष्ठ हूँ। अतः एक आसन पर तुम्हारे साथ नहीं बैठूँगा।

**विरोचन ने कहा—**

**तवार्हते तु फलकं कूर्चं वाप्यथवा बृसी।**
**सुधन्वन्न त्वमर्होऽसि मया सह समासनम्॥ 16॥**

हिन्दी—हे सुधन्वन्! तुम्हारे लिए लकड़ी, घास एवं कुशा के द्वारा बने हुए आसन पर बैठना उचित है। तुम मेरे साथ समान आसन पर बैठने योग्य नहीं हो।

**सुधन्वा ने कहा—**

**पितापुत्रौ सहासीतां द्वौ विप्रौ क्षत्रियावपि।**
**वृद्धौ वैश्यौ च शूद्रौ च न त्वन्यावितरेतरम्॥ 17॥**

हिन्दी—पिता-पुत्र, दो ब्राह्मण, दो क्षत्रिय, दो वृद्ध और दो शूद्र एक साथ बैठ सकते हैं, परन्तु दूसरे कोई एक साथ एक आसन पर नहीं बैठ सकते।

विशेष—भारतीय संस्कृति में आचार-व्यवहार का बड़ी ही बारीकियों के साथ निर्णय किया गया है। अतः उच्चासन, सहासन एवं निम्नासन का विचार प्रस्तुत किया गया है।

**पिता हि ते समासीनमुपासीतैव मामधः।**
**बालः सुखैधितो गेहे न त्वं किञ्चन बुद्ध्यसे॥ 18॥**

हिन्दी—तुम्हारे पिता नीचे बैठकर ही मेरी उपासना करते हैं। तुम अभी बालक हो, घर में सुखपूर्वक बढ़े-पले हो, अतः कुछ नहीं जानते हो।

विशेष—व्यवहार का ज्ञान लोक और शास्त्र के ज्ञान से होता है। व्यवहार ज्ञान लोक-व्यवहार से ही सम्भव है।

**विरोचन ने कहा—**

**हिरण्यं च गवाश्वं च यद्वित्तमसुरेषु नः।**
**सुधन्वन् विपणे तेन प्रश्नं पृच्छाव ये विदुः॥ 19॥**

हिन्दी—हे सुधन्वन्! असुरों में हमारा जो सुवर्ण, गो, अश्व आदि पशु तथा अन्य धन है—उसकी शर्त लगाता हूँ कि जो विद्वान् हो, उनसे हम दोनों प्रश्न पूछें कि हम दोनों में कौन श्रेष्ठ है?

विशेष—श्रेष्ठता का निर्णय तटस्थ विद्वान ही कर सकता है। इसलिए उसी को प्रमाण माना गया है।

**सुधन्वा ने कहा—**

**हिरण्यं च गवाश्वं च तवैवास्तु विरोचन।**
**प्राणयोस्तु पणं कृत्वा प्रश्नं पृच्छाव ये विदुः॥ 20॥**

हिन्दी—हे विरोचन! सुवर्ण, गौ, अश्व आदि पशु तुम्हारे ही रहें। हम दोनों प्राणों की बाजी लगाकर जो विद्वान हो, उनसे पूछें।

विशेष—सांसारिक सम्पत्ति तथा धनादि शरीर एवं प्राणरक्षा के लिए होते हैं। धन से भी श्रेष्ठ मनुष्य का प्राण ही होता है। इसलिए सुधन्वा ने प्राण की ही बाज़ी लगायी।

**विरोचन ने कहा–**

**आवां कुत्र गमिष्यावः प्राणयोर्विपणे कृते।**
**न तु देवेष्वहं स्थाता न मनुष्येषु कर्हिचित्॥ 21॥**

हिन्दी–प्राणों की बाज़ी लागकर हम दोनों कहाँ चलेंगे? न तो मैं देवताओं के पास जा सकता हूँ और न मनुष्यों के पास। क्योंकि ये दोनों मेरे समान नहीं हैं।

विशेष–विरोचन प्रह्लाद के पुत्र तथा दानव वंश में उत्पन्न होने के कारण देवता एवं मनुष्यों को अपने से हीन समझता था।

**सुधन्वा ने कहा–**

**पितरं ते गमिष्यावः प्राणयोर्विपणे कृते।**
**पुत्रस्यापि स हेतोर्हि प्रह्लादो नानृतं वदेत्॥ 22॥**

हिन्दी–प्राणों की बाज़ी लगाकर हम दोनों तुम्हारे पिता के पास जायेंगे। प्रह्लाद पुत्र के लिए भी झूठ नहीं बोलेगा।

विशेष–इससे प्रह्लाद के प्रति विश्वास, सत्यनिष्ठा एवं न्यायप्रियता की झलक मिलती है।

विदुर बोले–

**एवं कृतपणौ क्रुद्धौ तत्राभिजग्मतुस्तदा।**
**विरोचन सुधन्वानौ प्रह्लादो यत्र तिष्ठति॥ 23॥**

हिन्दी–इस प्रकार प्राणों की बाज़ी लगाने के बाद क्रोधित होकर विरोचन और सुधन्वा वहाँ गये, जहाँ प्रह्लाद रहते थे।

प्रह्लाद ने मन में सोचा–

**इमौ तौ सम्प्रदृश्येते याभ्यां न चरितं सह।**
**आशीविषाविव क्रुद्धावेकमार्गाविहागतौ॥ 24॥**

हिन्दी–जो कभी एक साथ नहीं चले थे, वे ही दोनों (विरोचन और सुधन्वा) सर्प की भाँति क्रुद्ध होकर एक ही मार्ग से आते दिखाई पड़ रहे हैं।

**किं वै सहैवं चरथो न पुरा चरथः सह।**
**विरोचनैतत् पृच्छामि किं ते सख्यं सुधन्वना॥ 25॥**

हिन्दी—विरोचन से प्रह्लाद ने पूछा कि क्या तुम्हारी सुधन्वा के साथ मित्रता हो गयी है जो तुम दोनों साथ-साथ घूम रहे हो? इससे पहले तो कभी भी साथ-साथ भ्रमण नहीं किये।

**विरोचन ने कहा—**

**न मे सुधन्वना सख्यं प्राणयोर्विपणावहे।**
**प्रह्लाद तत्त्वं पृच्छामि मा प्रश्नमनृतं वदेः॥ 26॥**

हिन्दी—पिताजी! मेरी सुधन्वा के साथ मैत्री नहीं हुई है। हम दोनों प्राणों की बाजी लगाकर आ रहे हैं। मैं आपसे यथार्थ पूछता हूँ, मेरे प्रश्न का ग़लत उत्तर मत देना।

**प्रह्लाद ने कहा—**

**उदकं मधुपर्कं वाऽप्यानयन्तु सुधन्वने।**
**ब्रह्मन्नभ्यर्चनीयोऽसि श्वेता गौः पीवरीकृता॥ 27॥**

हिन्दी—सुधन्वा के लिए जल और मधुपर्क लाओ। हे ब्राह्मण! तुम पूजा के योग्य हो, आपके लिए श्वेत रंग वाली पुष्ट गाय उपस्थित है।

विशेष—ब्राह्मण के लिए गाय देने का विधान है। सुधन्वा को ब्राह्मण होने के नाते प्रह्लाद ने गाय देने का आदेश दिया है।

**सुधन्वा ने कहा—**

**उदकं मधुपर्कं च पथिष्वेवार्पितं मम।**

**प्रह्लाद त्वं तु मे तथ्यं प्रश्नं प्रब्रूहि पृच्छतः।**
**किं ब्राह्मणाः स्विच्छ्रेयांस उताहो स्विद्विरोचनः॥ 28॥**

हिन्दी—हे प्रह्लाद! जल तथा मधुपर्क मार्ग में ही मिल गया। आप हमारे प्रश्न का ही तथ्यपूर्ण उत्तर दे दें कि ब्राह्मण् अर्थात् मैं सुधन्वा श्रेष्ठ हूँ अथवा विरोचन श्रेष्ठ है।

विशेष—प्रह्लाद से सुधन्वा ने प्रश्न का उत्तर ही प्राप्त करना उचित समझा, जलादि नहीं।

**प्रह्लाद ने कहा—**

**पुत्र एको मम ब्रह्मंस्त्वं च साक्षादिहास्थितः।**
**तयोर्विवदतोः प्रश्नं कथमस्मद्विधो वदेत्॥ 29॥**

हिन्दी—हे ब्राह्मन्! मेरा एक ही पुत्र है और दूसरे तुम साक्षात् यहाँ उपस्थित हो। इन दोनों के विवाद में मेरे समान लोग किस प्रकार बोलें।

विशेष—न्यायाधीश अपना निर्णय तभी दे सकता है, जब वह निष्पक्ष हो। एक पक्ष से सम्बन्ध रखने वाला न्यायाधीश कभी यथार्थ निर्णय नहीं दे सकता। इसी बात को ध्यान में रखते हुए प्रह्लाद ने भी समस्या के समाधान में अपना दृष्टिकोण उपस्थित किया।

**सुधन्वा ने कहा—**

**गां प्रदद्यास्त्वौरसाय यद्वाऽन्यत् स्यात् प्रियं धनम्।**
**द्वयोर्विवदतोस्तथ्यं वाच्यं च मतिमंस्त्वया॥ 30॥**

हिन्दी—हे प्रह्लाद! अपने औरस पुत्र को पृथ्वी दो अथवा अन्य प्रियधन जो हो, उसे भी दो। किन्तु हे बुद्धिमन्! दो के विवाद में तुमको यथार्थ प्रश्न का उत्तर देना चाहिए।

विशेष—विशेषज्ञ को बुद्धि के अनुसार ही निर्णय करना चाहिए। इससे विवाद की शान्ति तथा न्याय की रक्षा होती है। इन दोनों परम्पराओं को ध्यान में रखते हुए न्याय की रक्षा और विवाद की शान्ति करनी चाहिए।

**प्रह्लाद ने कहा—**

**अथ यो नैव प्रब्रूयात् सत्यं वा यदि वाऽनृतम्।**
**एतत् सुधन्वन् पृच्छामि दुर्विवक्ता स्म किं वसेत्॥ 31॥**

हिन्दी—हे सुधन्वन्! तुमसे यह पूछता हूँ कि जो सत्य न बोले और सत्य का निर्णय न दे, ऐसे दुष्ट वक्ता की क्या स्थिति होती है? अर्थात् वह कहाँ निवास करता है?

**सुधन्वा ने कहा—**

**यां रात्रिमधिविन्ना स्त्री यां चैवाक्षपराजितः।**
**यां च भाराभितप्ताङ्गो दुर्विवक्ता स्म तां वसेत्॥ 32॥**

हिन्दी—सौतवाली स्त्री, जुए में हारे हुए जुआरी तथा भार ढोने से थके शरीरवाले मनुष्य की रात्रि में जो स्थिति होती है, वही स्थिति असत्य निर्णय देने वाले की भी होती है।

विशेष–सौत वाली स्त्री, जुए में हारा हुआ मनुष्य तथा दिन भर भार ढोने के कारण थके हुए मनुष्य को रात में ठीक प्रकार से नींद नहीं आती है। उसी प्रकार असत्य निर्णय देने वाले को भी मानसिक बेचैनी के कारण रात भर नींद नहीं आती है।

**नगरे प्रतिरुद्धः सन् बहिर्द्वारि बुभुक्षितः।**
**अमित्रान् भूयसः पश्येत् यः साक्ष्यमनृतं वदेत्॥ 33॥**

हिन्दी–नगर में प्रवेश से रोका हुआ, नगर के बाहर दरवाज़े पर भूखा और अपने शत्रुओं को देखने वाला जो अनुभव करता है, झूठे गवाह देने वाले को वही गति प्राप्त हो।

विशेष–झूठी गवाही देने वाले व्यक्ति का कोई विश्वास नहीं करता। यहाँ तक कि उसकी अपनी आत्मा भी उसे उचित नहीं मानती। वह अपने को एकाकी अनुभव करने के कारण बहुत अधिक दुःख पाता है। इसी प्रकार झूठे निर्णय देने वाले को भी बहुत दुःख होता है।

**पञ्च पश्वनृते हन्ति दश हन्ति गवानृते।**
**शतमश्वानृते हन्ति सहस्रं पुरुषानृते॥ 34॥**

हिन्दी–पशु के लिए असत्य भाषण करने वाला अपनी पाँच पीढ़ियों को, गाय के लिए झूठ बोलने वाला दस पीढ़ियों को, घोड़े के लिए असत्य बोलने वाला सौ पीढ़ियों को और मनुष्य के लिए झूठ बोलने वाला एक हज़ार पीढ़ियों को नरक में ढकेल देता है।

विशेष–'सत्य बोलना चाहिए' इस वाक्य का किसी प्रकार उल्लंघन हो जाने पर लोकमर्यादा रखने के लिए पारलौकिक भय दिखाकर रक्षा करने का प्रयास किया गया है।

**हन्ति जाता न जातांश्च हिरण्यार्थेऽनृतं वदन्।**
**सर्वं भूम्यनृते हन्ति मा स्म भूम्यनृतं वदेः॥ 35॥**

हिन्दी–सुवर्ण के लिए झूठ बोलने वाला भूत और भविष्य में उत्पन्न सभी को मारता है। भूमि और स्त्री के लिए झूठ बोलने वाला अपना सर्वस्व नष्ट कर लेता है। इस भूमि के लिए कभी भी असत्य मत बोलो।

विशेष–भूमि और स्त्री को समान माना गया है–'माता भूमिः पुत्रोऽहं पृथिव्याः' अर्थात् भूमि हमारी माता है और मैं पृथ्वीपुत्र हूँ। इस लिए प्रह्लाद

को सुधन्वा उद्बोधित कर रहा है कि अपने पुत्र के लिए केशिनी को पुत्रवधू बनाने के लोभ में असत्य मत बोलो तथा न्यायाधीश के आसन से सत्य का पक्ष ग्रहण करो।

**प्रह्लाद ने कहा–**

**मत्तः श्रेयान् अङ्गिरा वै सुधन्वा त्वद् विरोचन।**
**माताऽस्य श्रेयसी मातुस्तस्मात्त्वं तेन वै जितः॥ 36॥**

हिन्दी–हे विरोचन! मुझसे सुधन्वा के पिता अंगिरा श्रेष्ठ हैं और तुझसे सुधन्वा श्रेष्ठ है। सुधन्वा की माता तुम्हारी माता से श्रेष्ठ हैं। इसलिए सुधन्वा की जीत हुई।

विशेष–अपने पुत्र के लिए भी असत्य का पक्ष नहीं लेने वाला प्रह्लाद जैसा दूसरा कोई नहीं। इसलिए असुर वंश में उत्पन्न होने के कारण भी प्रह्लाद सर्वजन पूज्य माने जाते हैं।

**विरोचन सुधन्वाऽयं प्राणानामीश्वरस्तव।**
**सुधन्वन् पुनरिच्छामि त्वया दत्तं विरोचनम्॥ 37॥**

हिन्दी–हे विरोचन! सुधन्वा तेरे प्राणों का स्वामी है। हे सुधन्वन्! तुम्हारे द्वारा जीते हुए विरोचन को मैं पुनः चाहता हूँ अर्थात् प्राणों को जीतकर भी तुम इसका प्राणदान करो।

विशेष–महाजन किसी का प्राण नहीं लेते हैं। इसलिए सुधन्वा से प्राणों पर शर्त जीतने के कारण प्राणदान देने के लिए प्रह्लाद ने कहा।

**सुधन्वा ने कहा–**

**यद्धर्ममवृणीथास्त्वं न कामादनृतं वदीः।**
**पुनर्ददामि ते पुत्रं तस्मात् प्रह्लाद दुलर्भम्॥ 38॥**

हिन्दी–हे प्रह्लाद! जिस कारण तुमने धर्म को स्वीकार किया है, किसी कारणवश भी असत्य का आश्रय नहीं लिया, इसलिए तुम्हारे दुर्लभ पुत्र को पुनः मैं तुम्हें देता हूँ।

विशेष–'पुं नाम नरकात् त्रायते स पुत्रः' अर्थात् जो 'पुम्' नामक नरक से बचा लेता है, उसे पुत्र कहते हैं। इस कारण पुत्र को दुर्लभ कहा गया है। दुर्लभ वस्तु की रक्षा की जाती है, न कि उसे नष्ट होने दें। अतः सुधन्वा

ने 'दुर्लभ पुत्र देता हूँ' ऐसा कहा।

**एषः प्रह्लादपुत्रस्ते मया दत्तो विरोचनः।**
**पादप्रक्षालनं कुर्य्यात् कुमार्याः सन्निधौ मम॥ 39॥**

हिन्दी—हे प्रह्लाद! मेरे द्वारा दिया गया तुम्हारा यह पुत्र विरोचन कुमारी केशिनी के नजदीक मेरे पैर को धोये अर्थात् मेरी श्रेष्ठता स्वीकार करे।

विशेष—प्रह्लाद ने निर्णय दिया, अतः सुधन्वा को श्रेष्ठ स्वीकार कर पाद-प्रक्षालन करने से सुधन्वा की श्रेष्ठता और भारतीय संस्कृति के मर्यादा का रक्षण—दोनों होता है।

**विदुर ने कहा—**

**तस्माद्राजेन्द्र! भूम्यर्थे नानृतं वक्तुमर्हसि।**
**मा गमः ससुतामात्यो नाशं पुत्रार्थमब्रुवन्॥ 40॥**

हिन्दी—हे राजेन्द्र धृतराष्ट्र! राज्य के लिए असत्य बोलना उचित नहीं है। पुत्र के लिए असत्य नहीं बोलते हुए मन्त्री-पुत्र सहित नष्ट न हों।

विशेष—अतः प्राचीन प्रह्लाद-विरोचन और सुधन्वा के दृष्टान्त द्वारा धृतराष्ट्र को विदुर जी ने पुत्रमोह में असत्य भाषण तथा मोह त्यागने का आग्रह किया है।

**न देवा दण्डमादाय रक्षन्ति पशुपालवत्।**
**यं तु रक्षितुमिच्छन्ति बुद्ध्या संविभजन्ति तम्॥ 41॥**

हिन्दी—देवता हाथ में डण्डा लेकर किसी की रक्षा नहीं करते हैं। जिसकी रक्षा करना चाहते हैं, उसे बुद्धि प्रदान कर देते हैं।

विशेष—बुद्धि ही सुख-दुःख का कारण है। जहाँ सुमति है वहाँ सभी प्रकार की सम्पत्ति प्राप्त हो जाती है और जहाँ कुमति आ जाये वहाँ समस्त दुःख अपनेआप आ जाते हैं।

**यथा यथा हि पुरुषः कल्याणे कुरुते मनः।**
**तथा तथाऽस्य सर्वार्थाः सिद्ध्यन्ते नात्र संशयः॥ 42॥**

हिन्दी—जैसे-जैसे मनुष्य शुभकार्यों में मन लगाता है, वैसे-वैसे उसके सभी प्रयोजन पूरे हो जाते हैं। इस विषय में कोई सन्देह नहीं है।

विशेष—कल्याण करने वाला व्यक्ति कभी दुःखावस्था को प्राप्त नहीं करता है। इसलिए सदा कल्याणकारी कार्य करने चाहिए।

**नैनं छन्दांसि वृजनात् तारयन्ति मायाविनं मायया वर्तमानम्।**
**नीडं शकुन्ता इव जातपक्षाश्छन्दांस्येनं प्रजहत्यन्तकाले॥ 43॥**

हिन्दी—छल से व्यवहार करने वाले मायावी पुरुष की वेद भी रक्षा नहीं करते हैं। अन्त समय में पक्षी जैसे घोंसले को छोड़ देते हैं, उसी प्रकार अन्त समय में मायावी को वेद भी छोड़ देते हैं अर्थात् उसकी रक्षा नहीं करते हैं। वेदाध्ययन से सभी प्रकार के पाप धुल जाते हैं।

विशेष—वेदाध्ययन करने के बाद पापाचरण करने वाले को वेदाध्ययन का फल न मिलकर पापाचरण का ही फल मिलता है। अतः ज्ञान से ग़लत कार्य नहीं करना चाहिए।

**मद्यपानं कलहं पूगवैरं, भार्यापत्योरन्तरं ज्ञातिभेदम्।**
**राजद्विष्टं स्त्रीपुंसयोर्विवादं, वर्ज्यान्याहुर्यश्च पन्थाः पदुष्टः॥ 44॥**

हिन्दी—मद्यपान करना, झगड़ा करना, समुदाय से वैर रखना, पति-पत्नी में भेद करना, सगे-सम्बन्धी में भेद रखना, राजा से द्वेष रखना, स्त्री-पुरुष में विवाद कराना या करना तथा दुष्ट मार्ग इन सबको छोड़ देना चाहिए।

विशेष—विदुर ने धृतराष्ट्र को इस श्लोक द्वारा यह समझाने का प्रयास किया है कि सगे-सम्बन्धियों में भेद रखना उचित नहीं है। इससे अन्तःकलह की स्थिति रहने के कारण शान्ति नहीं मिलती।

**सामुद्रिकं वणिजं चोरपूर्वं शलाकधूर्त्तं च चिकित्सकं च।**
**अरिं च मित्रं च कुशीलवं च नैतान् साक्ष्ये त्वधिकुर्वीत सप्त॥ 45॥**

हिन्दी—हस्तादि शरीर-लक्षण जानने वाले को, पहले चोर बाद में व्यापारी बनने वाले को, जुआरी तथा वैद्य को, शत्रु, मित्र और नाच-गान करने वाले को इन सातों को कभी साक्षी न रखें। क्योंकि ये पूर्व संस्कार तथा अन्य कारणों से असत्य साक्षी दे सकते हैं।

विशेष—साक्षी से समस्याओं का समाधान तथा तथ्य-निर्णय होता है परन्तु उसके असत्य भाषण करने से तथ्य सामने नहीं आयेगा। इसलिए

इन सबों को प्रमाणभूत नहीं मानना चाहिए।

**मानाग्निहोत्रमुत मानमौनं, मानेनाधीमुत मानयज्ञः।**
**एतानि चत्वार्यभयङ्कराणि भयं प्रयच्छन्त्ययथाकृतानि॥ 46॥**

**अगारदाही गरदः कुण्डाशी सोमविक्रयी।**
**पर्वकारश्च सूची च मित्रध्रुक् पारदारिकः॥ 47॥**

**भ्रूणहा गुरुतल्पी च यश्च स्यात् पानपो द्विजः।**
**अतितीक्ष्णश्च काकश्च नास्तिको वेदनिन्दकः॥ 48॥**

**स्रुवप्रग्रहणो व्रात्यः कीनाशश्चात्मवानपि।**
**रक्षेत्युक्तश्च यो हिंस्यात् सर्वे ब्रह्महभिः समाः॥ 49॥**

हिन्दी—बिना अपराध दूसरों के घर को जलाने वाला, विष देने वाला, सभी वस्तु को खाने वाला, सोमरस बेचने वाला, अस्त्र-शस्त्र बनाने वाला, गुरु पत्नी से व्यभिचार करने वाला, चुग़लख़ोर, मित्रद्रोही, परस्त्रीगामी, गर्भपात कराने वाला, मदिरा पीने वाला ब्राह्मण, अतिक्रोधी, कौए के समान कठोर बोलने वाला, वेद की निन्दा करने वाला नास्तिक, सर्वत्र यज्ञ कराने वाला, पतित, क्रूर और समर्थ होते हुए भी 'रक्षा करो' कहने वाला तथा हिंसा करने वाला—ये सब ब्रह्मधाती के समान होते हैं।

विशेष—प्रस्तुत श्लोक में नीतिकार ने ये सब कार्य करने वालों को ब्रह्मघाती के समान माना है तथा उनसे बचने के लिए आग्रह किया है।

**तृणोल्कया ज्ञायते जातरूपं वृत्तेन भद्रो व्यवहारेण साधुः।**
**शूरो भयेष्वर्थकृच्छ्रेषु धीरः कृच्छ्रेष्वापत्सु सुहृदश्चारयश्च॥ 50॥**

हिन्दी—जलाने, पीटने और काटने से सोने की पहचान होती है, शील स्वभाव से भद्र पुरुषों की पहचान होती है, साधु का ज्ञान व्यवहार से, शूरवीर की पहचान संकट आने पर और शत्रु-मित्र की पहचान घोर संकट के समय में होती है।

विशेष—सुख में सब साथ हो जाते हैं, लेकिन दुःख के समय अपने लोग भी साथ छोड़ देते हैं। दुःखावस्था में जो साथ दे, वही मित्र तथा उस अवस्था में साथ छोड़ने वाले को शत्रु समझना चाहिए।

**जरा रूपं हरति हि धैर्यमाशा मृत्युः प्राणान् धर्मचर्यामसूया।**
**क्रोधः श्रियं शीलमनार्यसेवा ह्रियं कामः सर्वमेवाभिमानः॥ 51॥**

हिन्दी—बुढ़ापा रूप को नष्ट कर देता है, आशा धैर्य को समाप्त करती है, असूया धर्माचरण को समाप्त कर देती है, क्रोध धननाश कराता है, दुष्टों की सेवा से स्वभाव नष्ट हो जाता है, काम से लज्जा दूर हो जाती है और अभिमान से सब कुछ नष्ट हो जाता है।

विशेष—गीता कहती है—'अहङ्कारविमूढात्मा कर्ताहमिति मन्यते'। ज्ञानी व्यक्ति को कभी अभिमान नहीं करना चाहिए।

**श्रीर्मङ्गलात् प्रभवति प्रागल्भ्यात् सम्प्रवर्धते।**
**दाक्ष्यात्तु कुरुते मूलं संयमात् प्रतितिष्ठति॥ 52॥**

हिन्दी—लक्ष्मी उत्तम कर्मों से उत्पन्न होती है, चतुराई से बढ़ती है, दक्षता से दृढ़मूल होती है तथा संयम से चिरस्थिति होती है।

विशेष—नीतिकार ने कहा है कि लक्ष्मी को पाकर उन्मत्त नहीं होना चाहिए अपितु धैर्य तथा संयम द्वारा उसकी रक्षा करनी चाहिए। अन्यथा वह उसे छोड़कर चली जाती है।

**अष्टौ गुणाः पुरुषं दीपयन्ति प्रज्ञा च कौल्यं च दमः श्रुतं च।**
**पराक्रमश्च बहुभाषिता च दानं यथाशक्ति कृतज्ञता च॥ 53॥**

हिन्दी—प्रज्ञा, कुलीनता, इन्द्रियदमन, ज्ञान, कम बोलना, शक्ति के अनुसार दान देना और कृतज्ञता—ये आठ गुण पुरुष को प्रकाशित करते हैं।

विशेष—मनुष्य के गुण ही पूजा के योग्य होते हैं, लिंग और अवस्था नहीं। गुण जहाँ रहते हैं, मनुष्य का महत्त्व बढ़ जाता है। कुलीनता की महत्ता के कारण व्यक्ति नैतिकता के आधार पर निर्णय लेता है। इसीलिए इसे श्रेष्ठ मानते हैं।

**एतान् गुणांस्तात महानुभावानेको गुणः संश्रयते प्रसह्य।**
**राजा यदा सत्कुरुते मनुष्यं सर्वान्गुणानेष गुणो विभाति॥ 54॥**

हिन्दी—हे धृतराष्ट्र! इन महत्त्वपूर्ण गुणों से अधिक राजसम्मान रूप-गुण श्रेष्ठ हो जाता है। राजसम्मान रूप गुण सबसे अधिक शोभायमान होता है, अर्थात् राजसत्कार में सब गुण दिखाई देते हैं।

विशेष—इस श्लोक का अभिप्राय यह है कि इन आठ गुणों से मनुष्य स्वाभाविक सत्कार को प्राप्त करता है। परन्तु इन गुणों के अभाव में भी राजसम्मान से सम्पूर्ण गुण विकसित हो जाते हैं।

**अष्टौ नृपेमानि मनुष्यलोके स्वर्गस्य लोकस्य निदर्शनानि।**
**चत्वार्येषामन्ववेतानि सद्भिश्चत्वारि चैषामनुयान्ति सन्तः॥ 55॥**

हिन्दी—हे राजन्! ये आठ गुण मनुष्यलोक में स्वर्गलोक का ज्ञान कराने वाले हैं। इनमें चार गुण सज्जनों में सदा रहते हैं तथा चार का सज्जन नित्य सेवन करते हैं।

इस श्लोक में 'सद्भिः' तथा 'सन्तः' ये दोनों शब्द व्यवहार में एक ही अर्थ के वाचक हैं। लेकिन 'सद्भिः' का अर्थ सज्जन, सन्त का अर्थ साधु लिया है। सज्जन में गुण आहार्य हो सकते हैं लेकिन साधु में ये गुण स्वाभाविक होते हैं।

**यज्ञो दानमध्ययनं तपश्च चत्वार्येतान्यन्वेतानि सद्भिः।**
**दमः सत्यमार्जवमानृशंस्यं चत्वार्येतान्यनुयान्ति सन्तः॥ 56॥**

हिन्दी—यज्ञ, दान, अध्ययन तथा तप—ये चार गुण सत्पुरुषों के साथ रहते हैं तथा दम, सत्य, आर्जव और कोमलता—ये चार गुण सज्जनों के साथ रहते हैं।

**इज्याध्ययनदानानि तपः सत्यं क्षमा घृणा।**
**अलोभ इति मार्गोऽयं धर्मस्याष्टविधः स्मृतः॥ 57॥**

हिन्दी—यज्ञ, अध्ययन, दान, तप, सत्यभाषण, क्षमा, दया और अलोभ—यह धर्म का आठ प्रकार का मार्ग माना गया है।

विशेष—इसमें घृणा शब्द का अर्थ घृणा करना नहीं अपितु दुखी को देखकर पिघल जाने के अर्थ में प्रयुक्त हुआ है।

**तत्र पूर्वचतुर्वर्गो दम्भार्थमपि सेव्यते।**
**उत्तरश्च चतुर्वर्गो नामहात्मसु तिष्ठति॥ 58॥**

हिन्दी—उक्त आठ गुणों में से चार यज्ञ, अध्ययन, दान और तप—इनको दुर्जन लोग दम्भ के लिए भी करते हैं, परन्तु ये चार गुण—सत्य, क्षमा, दया और लोभ का परित्याग—ये दुर्जनों में कभी नहीं रहते।

**न सा सभा यत्र न सन्ति वृद्धा न ते वृद्धा ये न वदन्ति धर्मम् ।**
**नासौ धर्मो यत्र न सत्यमस्ति न तत् सत्यं यच्छलेनाभ्युपेतम् ॥59॥**

हिन्दी—वह सभा ही नहीं है जिसमें ज्ञानवृद्ध और वयोवृद्ध पुरुष न हों। वे वृद्धज्ञान और वय से वृद्ध ही नहीं हैं जो धर्म का कथन न करें। न वह धर्म है जिसमें सत्य का योग न हो और वह सत्य ही नहीं है जो छल से संयुक्त हो।

विशेष—इस श्लोक के अनुसार 'महाभारत' की कथाओं पर भी दृष्टिपात होता है। साथ ही युद्ध के समय 'अश्वत्थामा हतो वा नरो कुञ्जरो वा' यह वचन असत्य की परिभाषा में ही परिगणित होता है।

**सत्यं रूपं श्रुतं विद्या कौल्यं शीलं बलं धनम् ।**
**शौर्यं च चित्रभाष्यं च दशेमे स्वर्गयोनयः ॥ 60 ॥**

हिन्दी—सत्य, सुन्दर रूप, श्रेष्ठ ज्ञान, कुलीनता, शील, बल, धन, शूरता और आश्चर्ययुक्त भाषण का सामर्थ्य—ये दस स्वर्ग के साधन हैं।

**पापं कुर्वन् पापकीर्तिः पापमेवाश्नुते फलम् ।**
**पुण्यं कुर्वन् पुण्यकीर्तिः पुण्यमत्यन्तमश्नुते ॥ 61 ॥**

हिन्दी—पापकर्म करता हुआ पुरुष कलंकित होकर बुरे फल को भोगता है, पुण्यकर्म को करता हुआ पुण्यवान् उत्तम फल को भोगता है।

विशेष—जो जैसा करता है वैसा ही पाता है, बबूल के पौधे से आम नहीं मिलता है। आम के वृक्ष में कभी काँटे नहीं उगते हैं।

**तस्मात् पापं न कुर्वीत पुरुषः शंसितव्रतः ।**
**पापं प्रज्ञां नाशयति क्रियमाणं पुनः पुनः ॥ 62 ॥**

**नष्टप्रज्ञः पापमेव नित्यमारभते नरः ।**
**पुण्यं प्रज्ञां वर्धयति क्रियमाणं पुनः पुनः ॥ 63 ॥**

**वृद्धप्रज्ञः पुण्यमेव नित्यमारभते नरः ।**

**पुण्यं कुर्वन् पुण्यकीर्तिः पुण्यं स्थानं स्म गच्छति ।**
**तस्मात् पुण्यं निषेवेत पुरुषः सुसमाहितः ॥ 64 ॥**

हिन्दी—इसलिए पुण्याचरण करने वाला व्यक्ति कभी पापाचरण न करे। पापाचरण करने वाले की बुद्धि नष्ट हो जाती है, जिसके कारण वह सदा पापकर्म ही करता है। पुण्याचरण करने से बुद्धि बढ़ती है, बढ़ी हुई बुद्धिवाला सदा पुण्याचरण ही करता है। उत्तम कर्म को करने वाला उत्तम लोक को प्राप्त करता हुआ उत्तम योनि में जाता है। इसलिए मनुष्य को एकाग्रचित्त होकर पुण्याचरण करना चाहिए।

**असूयको दन्दशूको निष्ठुरो वैरकृच्छठः।**
**स कृच्छ्रं महदाप्नोति नचिरात् पापमाचरन्॥ 65॥**

हिन्दी—द्वेष रखने वाला, मर्मस्थान पर प्रहार करने वाला, कठोर वाणी बोलने वाला, विरोध रखने वाला तथा धूर्त पाप करता हुआ शीघ्र ही बड़ी आपत्ति को प्राप्त होता है।

**अनसूयुः कृतप्रज्ञः शोभनान्याचरन् सदा।**
**नकृच्छ्रं महदाप्नोति सर्वत्र च विरोचते॥ 66॥**

हिन्दी—द्वेष नहीं करने वाला बुद्धिमान् व्यक्ति पुण्य कर्मों को करता हुआ सुख प्राप्त करता है और सर्वत्र शोभायमान होता है।

**प्रज्ञामेवागमयति यः प्राज्ञेभ्यः स पण्डितः।**
**प्राज्ञो ह्यवाप्य धर्मार्थौ शक्नोति सुखमेधितुम्॥ 67॥**

हिन्दी—जो व्यक्ति विद्वानों से बुद्धि प्राप्त करता है, वह विद्वान् होता है। विद्वान् व्यक्ति धर्म और अर्थ को बढ़ाकर सुख बढ़ाने में समर्थ होता है।

विशेष—जिसके पास बुद्धि है, बल भी उसी के पास है। बुद्धि के बल पर ही संसार में सब कुछ प्राप्त हो सकता है। इसलिए नीतिकार ने ज्ञान को सबसे बड़ा मानकर उसी को प्राप्त करने की सलाह दी है।

**दिवसेनैव तत् कुर्य्याद् येन रात्रौ सुखं वसेत्।**
**अष्टमासेन तत् कुर्य्याद् येन वर्षाः सुखं वसेत्॥ 68॥**

हिन्दी—दिन में ऐसा कार्य करे, जिससे रात्रि में सुखपूर्वक रहे तथा अष्टमास तक ऐसा कार्य करे, जिससे वर्षाकाल में सुखपूर्वक रहे।

**पूर्वे वयसि तत्कुर्याद् येन वृद्धः सुखं वसेत्।**
**यावज्जीवेन तत्कुर्याद् येन प्रेत्य सुखं वसेत्॥ 69॥**

हिन्दी–मनुष्य बाल्यावस्था में ऐसा करे जिससे वृद्धावस्था में सुखपूर्वक निवास करे और सम्पूर्ण जीवन में ऐसा करे जिससे मरकर भी सुख प्राप्त हो।

विशेष–जीवन की चार अवस्थाएँ होती हैं–बाल्य, यौवन, प्रौढ़ और वृद्ध। इस सबका कार्य भी बँटा हुआ है। इसलिए मनु ने कहा है–

**प्रथमे नाधीता विद्या द्वितीये नार्जितं धनम्।**
**तृतीये न तपस्तप्तं चतुर्थे किं करिष्यति।।**

हिन्दी–अर्थात् बाल्यकाल में पढ़ा नहीं, युवावस्था में धन नहीं कमाया, प्रौढ़ावस्था में तपस्या नहीं की तो वृद्धावस्था में जाकर सारी इन्द्रियाँ शिथिल हो जाने के बाद क्या कर सकता है? अवस्था के अनुसार कार्य करने से ही सन्तोष तथा सुख प्राप्त होता है।

**जीर्णमन्नं प्रशंसन्ति भार्यां च गतयौवनाम्।**
**शूरं विजितसङ्ग्रामं गतपारं तपस्विनम्॥ 70॥**

हिन्दी–पचे हुए अन्न की, युवावस्था बीतने के बाद स्त्री की, युद्ध जीतनेवाले वीर की एवं तत्त्वज्ञान जान लेने के बाद तपस्वी की प्रशंसा होती है।

**धनेनाधर्मलब्धेन यच्छिद्रमपिधीयते।**
**असंवृतं तद् भवति ततोऽन्यदवदीर्यते॥ 71॥**

हिन्दी–अन्याय से प्राप्त धन से जो छिद्र ढका जाता है, वह बिना ढके हुए के समान है, उससे अलग भी दिखाई देने लगता है।

विशेष–पाप का घड़ा भरता है और फूटता है। पाप कभी भी छिपाये नहीं छिपता है। विदुर धृतराष्ट्र से कहना चाहते हैं कि तुम्हारे पुत्र दुर्योधन ने अधर्म के सहारे राज्य ग्रहण किया है, अतः इसका विनाश सम्भव है। इसलिए इस मार्ग से दूर ही रहो।

**गुरुरात्मवतां शास्ता शास्ता राजा दुरात्मनाम्।**
**अथ प्रच्छन्नपापानां शास्ता वैवस्वतो यमः॥ 72॥**

हिन्दी–सज्जनों को मार्गोपदेश करने वाला गुरु है, दुष्टों को शासन करने वाला राजा और प्रच्छन्न पापों का दण्ड देने वाला सूर्यपुत्र यमराज है।

**ऋषीणां च नदीनां च कुलानां च महात्मनाम्।**
**प्रभवो नाधिगन्तव्यः स्त्रीणां दुश्चरितस्य च॥ 73॥**

हिन्दी—ऋषियों, नदियों और महात्माओं के कुलों का तथा स्त्रियों एवं दुश्चरित का मूल नहीं खोजना चाहिए।

विशेष—ऋषियों का मूल खोजना उचित नहीं है। जैसे प्रारम्भ के डकैत रत्नाकर वाल्मीकि हो गये। नदी का भी इसी प्रकार समझना चाहिए। एक फ़ीट गहरी और डेढ़ फ़ीट चौड़ी प्रारम्भ की गंगा नदी मैदान में विस्तृत रूप धारण कर लेती है। स्त्री पुरुषवर्तिनी होती है, अतः उसके चरित्र का अन्वेषण करने से कोई लाभ नहीं है।

**द्विजातिपूजाभिरतो दाता ज्ञातिषु चार्जवी।**
**क्षत्रियः शीलभाग् राजंश्चिरं पालयते महीम्॥ 74॥**

हिन्दी—हे राजन्! ब्राह्मणों की पूजा करने वाला, अपने सगे-सम्बन्धियों के प्रति सरल व्यवहार रखने वाला और दानी शीलसम्पन्न क्षत्रिय बहुत दिनों तक पृथ्वी का पालन करता है, अर्थात् राज्य करता है।

विशेष—इसका भाव यह है कि अपने सम्बन्धियों के प्रति कुटिल व्यवहार रखने के कारण दुर्योधन बहुत दिनों तक राज्य नहीं कर सकता है।

**सुवर्णपुष्पां पृथिवीं चिन्वन्ति पुरुषास्त्रयः।**
**शूरश्च कृतविद्यश्च यश्च जानाति सेवितुम्॥ 75॥**

हिन्दी—तीन प्रकार के मनुष्य पृथ्वी से सुवर्णरूपी पुष्प का संचय करते हैं—वीर, विद्वान् और सेवाधर्म को जानने वाला।

विशेष—पाण्डव शूरवीर एवं कृतविद्य हैं, अतः वही राज्याधिकारी हैं।

**बुद्धिश्रेष्ठानि कर्माणि बाहुमध्यानि भारत।**
**तानि जङ्घाजघन्यानि भारप्रत्यवराणि च॥ 76॥**

हिन्दी—धृतराष्ट्र! बुद्धिप्रधान, बाहुबलप्रधान और जंघा के समान ढककर करने योग्य कर्म—ये तीन प्रकार के कर्म होते हैं। इनमें उत्तम बुद्धिप्रधान, मध्यम बलप्रधान और संकटपूर्ण (गोपनीय) कर्म निन्दनीय होते हैं।

**दुर्योधनेऽथ शकुनौ मूढे दुःशासने तथा।**
**कर्णे चैश्वर्यमाधाय कथं त्वं भूतिमिच्छसि॥ 77॥**

हिन्दी–हे राजन्! दुर्योधन, शकुनि, मूर्ख दुःशासन और कर्ण पर ऐश्वर्य रखकर तुम कैसे कल्याण चाहते हो? अर्थात् इन लोगों के कर्म अच्छे नहीं हैं।

**सर्वैर्गुणैरुपेतास्तु पाण्डवा भरतर्षभ।**
**पितृवत् त्वयि वर्तन्ते तेषु वर्तस्व पुत्रवत्॥ 78॥**

हिन्दी–हे भरतकुलश्रेष्ठ धृतराष्ट्र! सभी गुणों से युक्त पाण्डुपुत्र तुम्हारे प्रति पिता के समान व्यवहार करते हैं, अतः तुम भी पुत्र के समान उनकी रक्षा करो।

विशेष–जो जैसा व्यवहार करते हैं, उसके प्रति वैसा ही व्यवहार करना चाहिए। यह नियम है।

**॥ तृतीय अध्याय समाप्त ॥**

# चतुर्थोऽध्यायः

**विदुर ने कहा–**

**अत्रैवोदाहरन्तीममितिहासं पुरातनम्।**
**आत्रेयस्य च संवादं साध्यानां चेति नः श्रुतम्॥ 1॥**

हिन्दी–उक्त प्रसंग में आत्रेय और साध्यगणों के संवाद रूप पुरातन इतिहास हैं, जिन्हें मैंने पूर्वजों से सुना है।

**चरन्तं हंसरूपेण महर्षिं संशितव्रतम्।**
**साध्या देवा महाप्राज्ञं पर्यपृच्छन्त वै पुरा॥ 2॥**

हिन्दी–संन्यासी रूप में विचरण करते हुए, कठोर तपस्या करने वाले बुद्धिमान् महर्षि आत्रेय से साध्यगणों ने पूछा।

विशेष–इतिहास-पुराणों के द्वारा किसी वस्तु की प्रामाणिकता सिद्ध होती है तथा विषय भी निश्चित हो जाता है। इसलिए नीतिकार ने उदाहरणों के द्वारा समझाने का प्रयास किया है।

**साध्यगण ने कहा–**

**साध्या देवा वयमेते महर्षे दृष्ट्वा भवन्तं न शक्नुमोऽनुमातुम्।**
**श्रुतेन धीरो बुद्धिमांस्त्वं मतो नः काव्यां वाचं वक्तुमर्हस्युदाराम्॥ 3॥**

हिन्दी–हे महर्षे! हमलोग साध्यदेवता हैं, आपको देखकर आपके विषय में अनुमान लगाने में समर्थ नहीं हैं। अपने शास्त्रज्ञान से आप धीर एवं बुद्धिमान् जान पड़ते हैं। आप अपनी सरस एवं उदार वाणी में कहने की कृपा करें।

**संन्यासी ने कहा–**

**एतत् कार्यममराः संश्रुतं मे धृतिः शमः सत्यधर्मानुवृत्तिः।**
**ग्रन्थिं विनीय हृदयस्य सर्वं प्रियाप्रिये चात्मसमं नयीत॥ 4॥**

हिन्दी—हे देवताओ! मैंने सुना है कि धैर्य तथा मन को वश में करना, सत्य धर्म का पालन करना ही कर्तव्य है। हृदय की समस्त गाँठों को खोलकर प्रिय-अप्रिय को अपने समान मानो।

विशेष—सज्जनों के लिए सुख-दुःख, मान-अपमान सब बराबर या आत्मसदृश होता है। उन्हें सुख के कारण से सुख और दुःख से दुःख नहीं होता।

**आक्रुश्यमानो नाक्रोशेन्मन्युरेव तितिक्षतः।**
**आक्रोष्टारं निर्दहति सुकृतं चास्य विन्दति॥ 5॥**

हिन्दी—गाली सुनकर भी स्वयं गाली न दे। क्षमा करने वाले का रोका हुआ क्रोध ही गाली देने वाले को जला देता है तथा उसका पुण्य ले लेता है।

**नाक्रोशी स्यान्नावमानी परस्य मित्रद्रोही नोत नीचोपसेवी।**
**न चाभिमानी न च हीनवृत्तो रूक्षां वाचं रुषतीं वर्जयीत॥ 6॥**

हिन्दी—दूसरों की न निन्दा करे, न अपमान। मित्रद्रोह तथा निम्न पुरुषों की सेवा न करे। अभिमानी तथा सदाचारहीन न हो। रूखी तथा क्रोधयुक्त वाणी को छोड़ दे।

**मर्माण्यस्थीनि हृदयं तथासून्, रूक्षा वाचो निर्दहन्तीह पुंसाम्।**
**तस्माद् वाचमुषतीमुग्ररूपां धर्मारामो नित्यशो वर्जयीत॥ 7॥**

हिन्दी—कठोर बातें मनुष्य के मर्मस्थान, अस्थि, हृदय तथा प्राणों को जला देती हैं। इसलिए धार्मिक व्यक्ति जलाने वाली रूक्ष बातों को सदा के लिए छोड़ दें।

**अरुन्तुदं परुषं रूक्षवाचं वाक्कण्टकैर्वितुदन्तं मनुष्यान्।**
**विद्यादलक्ष्मीकतमं जनानां मुखे निबद्धां निर्ऋतिं वै वहन्तम्॥ 8॥**

हिन्दी—मर्मस्थानों को छेदने वाले, कठोर और रूक्ष वाणी तथा वाक्-बाणों से मनुष्य को दुःख पहुँचाने वाले मनुष्य को अतिदरिद्र समझे अर्थात् वह अपने मुख में दरिद्रता एवं मृत्यु को वहन कर रहा है।

**परश्चेदेनमभिविध्येत बाणैर्भृशं सुतीक्ष्णैरनलार्कदीप्तैः।**
**स विध्यमानोऽप्यतिदह्यमानो विद्यात् कविः सुकृतं मे दधाति॥ 9॥**

हिन्दी—यदि कोई दूसरा किसी को अग्नि एवं सूर्य के समान जलाने वाले वचनरूपी बाणों से अत्यधिक बींधे तो वह विद्वान् बींधा जाने तथा पीड़ित होने के बाद भी समझे कि यह मेरे पुण्यों को पुष्ट कर रहा है।

**यदि सन्तं सेवति यद्यसन्तं तपस्विनं यदि वा स्तेनमेव।**
**वासो यथा रङ्गवशं प्रयाति तथा स तेषां वशमभ्युपैति॥ 10॥**

हिन्दी—यदि कोई सज्जन असज्जन तपस्वी अथवा चोर की सेवा करता है, तो वह उसके वश में हो जाता है। जैसे वस्त्र जिस रंग में रँगा जाये वैसा ही वह हो जाता है।

**अतिवादं न प्रवदेन्न वादयेद् यो नाहतः प्रतिहन्यान्न घातयेत्।**
**हन्तुं च यो नेच्छति पातकं वै तस्मै देवाः स्पृहयन्त्यागताय॥ 11॥**

हिन्दी—जो मनुष्य स्वयं बुरी बात न कहता है और न कहलवाता है; जो बिना आहत हुए न किसी को मारता है न मरवाता है; जो मार खाकर भी पापियों को मारना नहीं चाहता, देवता भी उसके आगमन की प्रतीक्षा करते हैं।

**अव्याहृतं व्याहृताच्छ्रेय आहुः सत्यं वदेद् व्याहृतं यद् द्वितीयम्।**
**प्रियं वदेद् व्याहृतं तत् तृतीयं धर्मं वदेद् व्याहृतं तच्चतुर्थम्॥ 12॥**

हिन्दी—बोलने से न बोलना श्रेयस्कर कहा गया है, सत्य बोलना वाणी की दूसरी विशेषता है, प्रिय सत्य बोला जाये तो यह वाणी की तीसरी विशेषता है तथा प्रिय सत्य धर्मानुकूल हो तो वह वाणी की चतुर्थ विशेषता है अर्थात् श्रेष्ठ, श्रेष्ठतर एवं श्रेष्ठतम क्रमशः समझना चाहिए।

विशेष—इसी के सम्बन्ध में कहा गया है कि—'सत्यं ब्रूयात् प्रियं ब्रूयात् न ब्रूयात् सत्यमप्रियम्। सत्यं च नानृतं ब्रूयादेष धर्मः सनातनः॥' अर्थात् सत्य बोलो, परन्तु वह सत्य प्रिय बोलो। यदि सत्य अप्रिय हो तो उसे मत बोलो। सत्य होते हुए भी यदि वह झूठ है तो उसे मत बोलो। यही सनातन अर्थात् वास्तविक धर्म है।

**यादृशैः सन्निविशते यादृशांश्चोपसेवते।**
**यादृगिच्छेच्च भवितुं तादृग् भवति पूरुषः॥ 13॥**

हिन्दी—मनुष्य जैसे व्यक्तियों के संग में बैठता है, जैसों का संग करता है और जैसा बनना चाहता है, वैसा ही बन जाता है।

**यतो यतो निवर्तते ततस्ततो विमुच्यते।**
**निवर्तनाद्धि सर्वतो न वेत्ति दुःखमण्वपि॥ 14॥**

हिन्दी—जब मनुष्य जिस-जिस विषय से निवृत्त होता है, उसके सारे विषय छूट जाते हैं। विषयों के छूट जाने से थोड़ा भी दुःख नहीं होता है।

विशेष—संसार का यह नियम है कि अन्त में सब विषय छूट जाते हैं। अतः यदि विषय मनुष्य को छोड़ता है तो उसे कष्ट होना स्वाभाविक है। इसलिए ज्ञानी मनुष्य विषय को ही छोड़ता है, इससे उसे थोड़ा भी कष्ट नहीं होता।

**न जीयते चानुजिगीषतेऽन्यान् न वैरकृच्चाप्रतिघातकश्च।**
**निन्दाप्रशंसासु तमस्वभावो न शोचते हृष्यति नैव चायम्॥ 15॥**

हिन्दी—जो मनुष्य न दूसरों से पराजित होता है और न पराजित करता है, न बैर करता है और न किसी को मारता है, निन्दा और प्रशंसा में समान रहता है; वह दोनों स्थितियों में दुःख-सुख का अनुभव नहीं करता।

विशेष—इस स्थिति में पहुँचकर मनुष्य परमहंस बन जाता है। वही परम निर्वाणावस्था है।

**भावमिच्छति सर्वस्य नाभावे कुरुते मनः।**
**सत्यवादी मृदुर्दान्तो यः स उत्तमपूरुषः॥ 16॥**

हिन्दी—जो मनुष्य सभी प्राणियों की यथास्थिति चाहता है, किसी का विनाश नहीं चाहता। सत्यवादी एवं कोमल स्वभाववाला है, वह जितेन्द्रिय उत्तम पुरुष कहलाता है।

**नानर्थकं सान्त्वयति प्रतिज्ञाय ददाति च।**
**रन्ध्रं परस्य जानाति यः सः मध्यमपूरुषः॥ 17॥**

हिन्दी—जो मिथ्या सान्त्वना नहीं देता, प्रतिज्ञा करके देता है तथा जो दूसरे के दोषों को जानता है, वह मध्यम पुरुष कहलाता है।

**दुःशासनस्तूपहतोऽभिशस्तो नावर्तते मन्युवशात् कृतघ्नः।**
**न कस्यचिन्मित्रमथो दुरात्मा कलाश्चैता अधमस्येह पुंसः॥ 18॥**

हिन्दी—दुःशासन गन्धर्वों द्वारा पीटा गया, शस्त्रों से आहत हुआ तथापि कृतघ्नता के कारण दुष्टता को मन से नहीं हटाता। वह दुष्टात्मा किसी का मित्र नहीं हो सकता। ऐसे चित्तवृत्तिवाले लोग अधम कहलाते हैं।

विशेष—एक समय वनवास के समय घोषयात्रा करके दुर्योधन ने युधिष्ठिरादि को चिढ़ाने का प्रयास किया। परन्तु गन्धर्वों ने उस पर आक्रमण कर दिया तथा सभी लोगों को पीटा। युधिष्ठिर ने अपने भाइयों से गन्धर्वों पर आक्रमण करवाकर दुर्योधनादि को छुड़ाया। उस समय युधिष्ठिर का कथन बड़ा ही महत्त्वपूर्ण है—

**'वयं पञ्चाः वयं पञ्चाः वयं पञ्चाः शतञ्च ते।**
**अन्येषाञ्च विरोधे तु वयं पञ्चशतोत्तरम्'।।**

हिन्दी—अर्थात् हमलोग केवल पाँच भाई हैं और दुर्योधन सौ भाई, लेकिन दूसरे के साथ विरोध होने पर हम एक सौ पाँच भाई हैं। कैसा मार्मिक कथन है। इसे कोई नीतिनिपुण व्यक्ति ही समझ सकता है।

**न श्रद्दधाति कल्याणं परेभ्योऽप्यात्मशङ्कितः।**
**निराकरोति मित्राणि यो वै सोऽधमपूरुषः॥ 19॥**

हिन्दी—जो व्यक्ति उत्तम कार्यों एवं करने वाले मनुष्यों में विश्वास नहीं करता है, स्वभाव से शंकाकुल रहने के कारण किसी पर भी विश्वास नहीं करता है, मित्रों को भी दूर करता है, वह अधम पुरुष कहलाता है।

विशेष—अधम पुरुष घात-प्रतिघात में लगा रहता है। ऐसे मनुष्यों को अधमपुरुष समझना चाहिए।

**उत्तमानेव सेवेत प्राप्तकाले तु मध्यमान्।**
**अधमांस्तु न सेवेत य इच्छेद् भूतिमात्मनः॥ 20॥**

हिन्दी—अपना कल्याण चाहने वाला व्यक्ति उत्तम व्यक्तियों का ही संग करे। किसी कार्य-विशेष के आने पर मध्यम की भी सेवा कर ले, किन्तु अधम की सेवा कभी भी न करे।

विशेष—नीच के सेवन से सदा अकल्याण ही होता है। इसलिए नीच का संग कभी नहीं करना चाहिए।

**प्राप्नोति वै वित्तमसद्बलेन नित्योत्त्थानात् प्रज्ञया पौरुषेण।**
**न त्वेव सम्यग् लभते प्रशंसां न वृत्तमाप्नोति महाकुलानाम्॥ 21॥**

हिन्दी—निन्दित उपायों से तथा निरन्तर उद्योग एवं बुद्धि के बल से प्राप्त धन से महाकुलों के समान प्रशंसा प्राप्त नहीं की जाती। अर्थात् जैसा धन वैसा मन, जैसा मन वैसा कर्म हो जाता है, जिससे सर्वत्र निन्दा होती है।

**धृतराष्ट्र ने कहा—**

**महाकुलेभ्यः स्पृहयन्ति देवा धर्मार्थनित्याश्च बहुश्रुताश्च।**
**पृच्छामि त्वां विदुर प्रश्नमेतं भवन्ति वै कानि महाकुलानि॥ 22॥**

हिन्दी—हे विदुर! महान् कुल के लिए देवता भी स्पृहा करते हैं। वे धर्म और अर्थ में निष्ठ महान् ज्ञानी होते हैं, इसलिए पूछ रहा हूँ कि महाकुल कौन होते हैं?

**विदुर ने कहा—**

**तमो दमो ब्रह्मवित्तं वितानाः पुण्या विवाहाः सततान्नदानम्।**
**येष्वेवैते सप्त गुणा वसन्ति सम्यग्वृत्तास्तानि महाकुलानि॥ 23॥**

हिन्दी—जिसमें तपस्या, इन्द्रियों की जय, ब्राह्मणों के वेदादि अध्ययनरूपी धन, यज्ञादि, उत्तम विवाह, निरन्तर अन्नदान एवं उत्तम आचारयुक्त—ये सात गुण सदा जहाँ रहते हैं, उसे महाकुल कहते हैं।

विशेष—भारतीय संस्कृति में ब्राह्म, दैव, आर्ष, प्राजापत्य, आसुर, गान्धर्व, राक्षस और पैशाच नाम के विवाह के आठ भेद माने गये हैं। इनमें पहले के चार उत्तम एवं बाद के चार अधम माने गये हैं।

**येषां हि वृत्तं व्यथते न योनिश्चित्तप्रसादेन चरन्ति धर्मम्।**
**ये कीर्त्तिमिच्छन्ति कुले विशिष्टां त्यक्तानृतास्तानि महाकुलानि॥ 24॥**

हिन्दी—जिनके व्यवहार से माता-पिता को कष्ट नहीं होता, मन की प्रसन्नता के लिए धर्माचरण करते हैं, जो कुल में विशिष्ट कीर्ति की इच्छा करते हैं, असद् व्यवहार नहीं करते, वे महाकुल माने जाते हैं।

विशेष—जिसके उत्पन्न होने से जाति और वंश की उन्नति न हो, वह माता के यौवननाशक ही पुत्र माने जाते हैं। पुत्र को अपने कर्मों के

द्वारा माता-पिता के यश को फैलाने वाला होना चाहिए। अधम विवाहों का त्याग करना चाहिए।

**अनिज्यया कुविवाहैर्वेदस्योत्सादनेन च।**
**कुलान्यकुलतां यान्ति धर्मस्यातिक्रमेण च॥ 25॥**

हिन्दी—यज्ञ नहीं करने से, वेदानुकूल आचरण नहीं करने से तथा धर्म की मर्यादा छोड़ देने से उत्तम कुल भी नीच कुल को प्राप्त हो जाते हैं।

**देवद्रव्यविनाशेन ब्रह्मस्वहरणेन च।**
**कुलान्यकुलतां यान्ति ब्राह्मणातिक्रमेण च॥ 26॥**

हिन्दी—देवताओं एवं ब्राह्मणों के निमित्त धन के अपहरण करने से तथा उनका अनादर करने से उत्तम कुल नीच कुल बन जाते हैं।

विशेष—सार्वजनिक तथा उत्तम कार्यों के लिए रखे गये धन से कभी उन्नति नहीं होती। उसका विपरीत फल अवश्य मिलता है। उसका प्रभाव कुलों तथा सन्तानों पर पड़ता है, जिससे महाकुल भी नीच कुल बन जाते हैं।

**ब्राह्मणानां परिभवात् परिवादाच्च भारत।**
**कुलान्यकुलतां यान्ति न्यासापहरणेन च॥ 27॥**

हिन्दी—हे धृतराष्ट्र! ब्राह्मणों की हिंसा एवं निन्दा करने से तथा अमानत के अपहरण करने से उत्तम कुल भी नीच कुल को प्राप्त हो जाते हैं।

विशेष—अमानत की रक्षा करने में दुःख होता है। परन्तु वीरव्रती इस कार्य का सम्पादन अवश्य करते हैं। देवता, द्विज एवं ब्राह्मण की वृत्ति को अपहरण करने वाला कभी उन्नति नहीं कर सकता। उसे इसका फल भोगना ही पड़ता है।

**कुलानि समुपेतानि गोभिः पुरुषतोऽर्थतः।**
**कुलसंख्यां न गच्छन्ति यानि हीनानि वृत्ततः॥ 28॥**

हिन्दी—यदि उनके आचार हीन हैं तो गायों, पुरुषों और धन-धान्यों से युक्त कुल भी बड़प्पन को प्राप्त नहीं होते हैं।

**वृत्ततस्त्वविहीनानि कुलान्यल्पधनान्यपि।**
**कुलसंख्यां च गच्छन्ति कर्षन्ति च महद् यशः॥ 29॥**

हिन्दी–जो कुल अल्प धनवाले हैं, परन्तु आचार-व्यवहार से सम्पन्न हैं, उन कुलों की गणना श्रेष्ठ कुलों में होती है और वे महान् यश को प्राप्त करते हैं।

**वृत्तं यत्नेन संरक्षेद् वित्तमेति च याति च।**
**अक्षीणो वित्ततः क्षीणो वृत्ततस्तु हतो हतः॥ 30॥**

हिन्दी–श्रेष्ठ कुल के लिए आचार-व्यवहार की श्रेष्ठता ही श्रेष्ठता है, धन से नहीं। इसलिए आचरण या चरित्र की रक्षा करनी चाहिए। जिसका चरित्र अच्छा नहीं है, वह नष्ट हो जाता है।

विशेष–'आचारहीनं न पुनन्ति वेदाः' अर्थात् आचार-व्यवहार से हीन व्यक्ति को वेद भी पवित्र नहीं कर सकते हैं। इसलिए एक कहावत प्रसिद्ध है–धन नष्ट हुआ, कुछ नष्ट हुआ; शरीर नष्ट हुआ, बहुत कुछ नष्ट हुआ तथा चरित्र नष्ट हुआ, सब कुछ नष्ट हो गया।

**गोभिः पशुभिरश्वैश्च कृष्या च सुसमृद्धया।**
**कुलानि न प्ररोहन्ति यानि हीनानि वृत्ततः॥ 31॥**

हिन्दी–आचार से हीन गौ, घोड़े, भेड़ तथा भैंसादि पशुओं की अधिकता से और खेती से सम्पन्न होते हुए भी कुल नहीं बढ़ते हैं।

विशेष–गौ की महत्ता सभी पशुओं से अधिक है, इसलिए गौ को अन्य पशुओं से अलग दिखाया गया है।

**मा नः कुले वैरकृत् कश्चिदस्तु राजाऽमात्यो मा परस्वापहारी।**
**मित्रद्रोही नैकृतिकोऽनृती वा पूर्वाशी वा पितृदेवातिथिभ्यः॥ 32॥**

हिन्दी–हमारे वंश में कोई शत्रुता करने वाला न हो, राजा या मन्त्री दूसरे के धन का हरण करने वाला न हो। कोई मित्र से वैर रखने वाला, कपट व्यवहार करने वाला, झूठ बोलने वाला और पितरों, देवताओं एवं अतिथियों से पूर्व भोजन करने वाला न हो।

**यश्च नो ब्राह्मणान् हन्याद् यश्च नो ब्राह्मणान् द्विषेत्।**
**न नः स समितिं गच्छेद् यश्च नो निर्वपेत् कृषिम्॥ 33॥**

हिन्दी–जो व्यक्ति ब्राह्मणों की हिंसा करे अथवा ब्राह्मणों से द्वेष करे

और हमारी खेती को काट ले तथा सभा में न जाये, ऐसा व्यक्ति हमारे कुल में न हो।

**तृणानि भूमिरुदकं वाक् चतुर्थी च सूनृता।**
**सतामेतानि गेहेषु नोच्छिद्यन्ते कदाचन॥ 34॥**

हिन्दी—अन्न, जल, भूमि और प्रिय सत्यवचन सज्जनों के घर में कभी समाप्त नहीं होते हैं। क्योंकि वहाँ स्वयं भूखे रहकर भी अतिथियों की सेवा की जाती है।

विशेष—जो मनुष्य अतिथियों की सेवा सच्चे मन से करते हैं, उनके घर में किसी वस्तु की कमी नहीं होती। इसलिए दान देने के लिए मन बनाना चाहिए। कहा गया है कि 'शतहस्त समाहर सहस्रहस्त सं किर॥' अर्थात् सौ हाथों से संग्रह करो और हज़ार हाथों से दान करो। अभिप्राय यह है कि यथाशक्ति दान देना चाहिए। इसमें संकोच नहीं करना चाहिए।

**श्रद्धया परया राजन्नुपनीतानि सत्कृतिम्।**
**प्रवृत्तानि महाप्राज्ञ धर्मिणां पुण्यकर्मिणाम्॥ 35॥**

हिन्दी—हे महाप्राज्ञ! धार्मिक तथा पुण्य कर्म करने वाले व्यक्तियों के यहाँ उपर्युक्त चार वस्तुएँ परम श्रद्धा से सत्कार के लिए प्रस्तुत की जाती हैं।

**सूक्ष्मोऽपि भारं नृपते स्यन्दनो वै शक्तो वोढुं न तथान्ये महीजाः।**
**एवं युक्ता भारसहा भवन्ति महाकुलीना न तथान्ये मनुष्याः॥ 36॥**

हिन्दी—जैसे छोटा रथ भी भार को ढोने में समर्थ होता है, लम्बे वृक्ष नहीं; उसी प्रकार महान् कुल में उत्पन्न व्यक्ति भार को सहन करते हैं, अन्य व्यक्ति नहीं। कुलीन लोग स्वयं कष्ट सहने के बाद भी दूसरों को कष्ट देना उचित नहीं समझते हैं।

**न तन्मित्रं यस्य कोपाद् बिभेति यद् वा मित्रं शङ्कितेनोपचर्यम्।**
**यस्मिन् मित्रे पितरीवाश्वसीत तद् वै मित्रं सङ्गतानीतराणि॥ 37॥**

हिन्दी—वह मित्र नहीं है, जिसके कोप से भय लगता हो। मित्र वही है, जिसमें पिता के समान विश्वास हो, अन्य एकत्रित हुए मित्र नहीं हैं।

विशेष—जो पापों से निवारण करता है, हित में लगाता है, गोपनीय

वस्तुओं को छिपाता है, गुणों को प्रकट करता है, आपत्काल आने पर कुछ देता है और समय पर छोड़ता नहीं है—अच्छे मित्र के यही लक्षण सन्त लोग कहते हैं।

**यः कश्चिदप्यसम्बद्धो मित्रभावेन वर्तते।**
**स एव बन्धुस्तन्मित्रं सा गतिस्तत् परायणम्॥ 38॥**

हिन्दी—जो व्यक्ति किसी प्रकार का सम्बन्ध नहीं रखते हुए भी मित्रभाव से व्यवहार करता है, वही मित्र, बन्धु, आश्रय और सच्चा सहारा है।

**चलचित्तस्य वै पुंसो वृद्धाननुपसेवतः।**
**पारिप्लवमतेर्नित्यमध्रुवो मित्रसङ्ग्रहः॥ 39॥**

हिन्दी—जो पुरुष चंचल चित्तवाला है, वृद्धों का संग नहीं किया है, उससे मित्रता करना अस्थिर है। ऐसे मनुष्य से मित्रता कल के लिए शत्रुता का कारण हो सकती है।

**चलचित्तमनात्मानमिन्द्रियाणां वशानुगम्।**
**अर्थाः समभिवर्तन्ते हंसाः शुष्कं सरो यथा॥ 40॥**

हिन्दी—चंचल चित्तवाले, अज्ञानी, इन्द्रियों के वश में रहने वाले मनुष्य को धन-सम्पत्ति घेरे तो रहते हैं, परन्तु उसके निकट नहीं जाते। जैसे सूखे सरोवर में हंस ऊपर मँडराते हैं, लेकिन नीचे नहीं उतरते हैं।

**अकस्मादेव कुप्यन्ति प्रसीदन्त्यनिमित्ततः।**
**शीलमेतदसाधूनामभ्रं पारिप्लवं यथा॥ 41॥**

हिन्दी—दुर्जन स्वभाववाले व्यक्ति बिना कारण क्रुद्ध हो जाते हैं तथा बिना कारण प्रसन्न होते हैं। जिस प्रकार जलहीन बादल सर्वत्र घूमता है, लेकिन उसका उपयोग कहीं नहीं होता, उसी प्रकार ऐसे व्यक्ति के क्रोध और प्रसन्नता का कोई मूल्य नहीं होता।

**सत्कृताश्च कृतार्थाश्च मित्राणां न भवन्ति ये।**
**तान् मृतानपि क्रव्यादाः कृतघ्नान्नोपभुञ्जते॥ 42॥**

हिन्दी—जो व्यक्ति मित्रों से सत्कार पाकर और प्रयोजन सिद्ध करके भी मित्रों के हितकारी नहीं होते, उन मरे हुए कृतघ्नों को गीध भी नहीं खाते।

विशेष—उपकार के प्रति कृतज्ञता नहीं ज्ञापन करने वाले का निस्तार नहीं होता। जीवन में कृतज्ञ होना चाहिए, कृतघ्न नहीं।

**अर्चयेदेव मित्राणि सति वाऽसति वा धने।**
**नानर्थयन् प्रजानाति मित्राणां सारफल्गुताम्॥ 43॥**

हिन्दी—धन नहीं रहने के बाद भी मित्रों का आदर करना चाहिए, मित्रों से विशेष प्रयोजन नहीं रहने के बाद भी मित्रों की सहायता करनी चाहिए।

विशेष—मित्रों की सहायता करने के लिए लाभांश या प्रस्ताव की अपेक्षा नहीं करनी चाहिए। अवस्था एवं अवसर पर विचार करना चाहिए।

**सन्तापाद् भ्रश्यते रूपं सन्तापाद् भ्रश्यते बलम्।**
**सन्तापाद् भ्रश्यते ज्ञानं सन्तापाद् व्याधिमृच्छति॥ 44॥**

हिन्दी—सन्ताप से रूप नष्ट होता है, शोक से बल नष्ट होता है, सन्ताप से ज्ञान नष्ट हो जाता है तथा सन्ताप से रोग उत्पन्न हो जाता है। अतः सन्ताप कभी नहीं करना चाहिए।

**अनवाप्यं च शोकेन शरीरं चोपतप्यते।**
**अमित्राश्च प्रहृष्यन्ति मा स्म शोके मनः कृथाः॥ 45॥**

हिन्दी—शोक से कोई अपेक्षित वस्तु प्राप्त नहीं होने से कष्ट होता है तथा शत्रु प्रसन्न होते हैं। इसलिए शोक नहीं करना चाहिए।

विशेष—चिन्ता और शोक में भी अन्तर है। अप्राप्य वस्तु को प्राप्त करने के लिए चिन्ता की जाती है और प्राप्त वस्तु नष्ट होने के बाद शोक होता है।

**पुनर्नरो म्रियते जायते च पुनर्नरो हीयते वर्धते च।**
**पुनर्नरो याचति याच्यते च पुनर्नरः शोचति शोच्यते च॥ 46॥**

हिन्दी—बार-बार मनुष्य जन्म लेता है और मरता है, बार-बार नष्ट होता है और बढ़ता है, बार-बार याचना करता है और याचित बनता है तथा बार-बार शोक करता है और शोक कराया जाता है।

**सुखं च दुःखं च भवाभवौ च लाभालाभौ मरणं जीवितं च।**
**पर्यायशः सर्वमेते स्पृशन्ति तस्माद् धीरो न हृष्येन्न शोचेत्॥ 47॥**

हिन्दी—सुखःदुःख, लाभ-हानि, जीवन-मरण तथा होना एवं न होना—ये सब बारी-बारी से सबको स्पर्श करते हैं। इसलिए बुद्धिमान् मनुष्य को इससे न प्रसन्न होना चाहिए और न दुखी होना चाहिए। ये सब संसार के स्वाभांविक कर्म हैं, इसलिए सबको प्रभावित करते हैं।

**चलानि हीमानि षडिन्द्रियाणि तेषां यद् यद् वर्धते यत्र यत्र।**
**ततस्ततः स्रवते बुद्धिरस्य छिद्रोदकुम्भादिव नित्यमम्भः॥ 48॥**

हिन्दी—मन से युक्त ये छह इन्द्रियाँ अत्यन्त चंचल हैं। उसी प्रकार इन्द्रियों के द्वारा जैसे-जैसे भोग बढ़ते हैं, वैसे-वैसे भोग करने वाले पुरुष की बुद्धि उसी प्रकार नष्ट हो जाती है। जिस प्रकार छेदयुक्त घड़ा से जल निकल जाता है।

**धृतराष्ट्र ने कहा—**

**तनुरुद्धः शिखी राजा मिथ्योपचरितो मया।**
**मन्दानां मम पुत्राणां युद्धेनान्तं करिष्यति॥ 49॥**

हिन्दी—जिस प्रकार शरीर में छिपी हुई आग संघर्षण के द्वारा प्रकट हो जाती है, उसी प्रकार अग्नि के समान राजा युधिष्ठिर के प्रति मैंने कपट-व्यवहार किया है। इसलिए वह मेरे पुत्रों को युद्ध के द्वारा नष्ट कर देगा।

विशेष—चन्दन की लकड़ी से संघर्षण द्वारा अग्नि पैदा हो जाती है, उसी प्रकार अत्यन्त निर्मल व्यवहार एवं धर्मप्रिय युधिष्ठिर के प्रति जुआ, द्रौपदी के वस्त्रापहरण इत्यादि अनुचित व्यवहार हुआ है। जिसके कारण वह मेरे पुत्रों को युद्ध के द्वारा नष्ट कर देंगे।

**नित्योद्विग्नमिदं सर्बं नित्योद्विग्नमिदं मनः।**
**यत् तत् पदमनुद्विग्नं तन्मे वद महामते॥ 50॥**

हिन्दी—यह सब नित्य भय से उद्विग्न है, मेरा मन भी नित्य भय से युक्त है। इसलिए हे महाबुद्धिशाली विदुर! जो उद्वेग रहित तथा शान्त मार्ग है, वह मुझको बताओ।

**विदुर ने कहा—**

**नान्यत्र विद्यातपसोर्नान्यत्रेन्द्रियविग्रहात्।**
**नान्यत्र लोभसन्त्यागाच्छान्तिं पश्यामि तेऽनघ॥ 51॥**

हिन्दी—हे पापरहित धृतराष्ट्र! विद्या, तपस्या, इन्द्रियसंयम तथा लोभ-त्याग के अतिरिक्त आपके लिए अन्य कोई शान्ति का उपाय नहीं है।

**बुद्ध्या भयं प्रणुदति तपसा विन्दते महत्।**
**गुरुशुश्रूषया ज्ञानं शान्तिं योगेन विन्दति॥ 52॥**

हिन्दी—बुद्धि से मनुष्य का भय समाप्त होता है, तपस्या के द्वारा वह महान् पद को प्राप्त करता है, गुरुसेवा द्वारा ज्ञान एवं योग से वह शान्ति प्राप्त करता है।

**अनाश्रिता दानपुण्यं वेदपुण्यमनाश्रिताः।**
**रागद्वेषविनिर्मुक्ता विचरन्तीह मोक्षिणः॥ 53॥**

हिन्दी—जीवन्मुक्त जन दान-पुण्य का आश्रय नहीं लेते हुए वेद-पुण्य को छोड़ते हुए, राग-द्वेष से विमुक्त होकर इस संसार में विचरण करते हैं।

विशेष—वह अपने सम्पूर्ण कर्म भगवदर्पण करने के बाद सुख, दुःख, राग, मोह बन्धनों से मुक्त होकर विचरण करते हैं। ऐसे मनुष्य का सम्पूर्ण उत्तरदायित्व भगवान् अपने ऊपर ले लेते हैं। ऐसे अनेक उदाहरण इतिहास-पुराण और लोकव्यवहार में सर्वत्र उपलब्ध होते हैं।

**स्वधीतस्य सुयुद्धस्य सुकृतस्य च कर्मणः।**
**तपसश्च सुतप्तस्य तस्यान्ते सुखमेधते॥ 54॥**

हिन्दी—भली-भाँति अध्ययन, न्यायोचित युद्ध, पुण्यकर्म तथा भली-भाँति की गयी तपस्या के अन्त में सुख की प्राप्ति होती है।

विशेष—विदुर बताना चाहते हैं कि जिन कारणों से मनुष्य को सुख मिल सकता है, वे सब युधिष्टिर के पास विद्यमान हैं। वे विद्या, तप, जितेन्द्रिय, निर्लोभ, रागद्वेषनिर्मुक्त, स्वाध्यायी तथा धर्मानुष्ठान में लगे हुए हैं। अतः वे सुख के भागी हैं। इन गुणों से विपरीत होने के कारण कौरव दुःख के भागी होंगे तथा ये नष्ट हो जाएँगे।

**स्वास्तीर्णानि शयनानि प्रपन्ना न वै भिन्ना जातु निद्रां लभन्ते।**
**न स्त्रीषु राजन् रतिमाप्नुवन्ति न मागधैः स्तूयमाना न सूतैः॥ 55॥**

हिन्दी—हे राजन्! आपस में मतभेद रखने वाले व्यक्ति सुन्दर चादरयुक्त पलंग पर निद्रा प्राप्त नहीं करते। स्त्रियों के पास रहने के बाद भी रतिसुख

तथा सूत-मागधों की स्तुति से भी सुख प्राप्त नहीं करते।

**न वै भिन्ना जातु चरन्ति धर्मं न वै सुखं प्राप्नुवन्तीह भिन्नाः।**
**न वै सुखं भिन्ना गौरवं प्राप्नुवन्ति न वै भिन्ना प्रशमं रोचयन्ति॥ 56॥**

हिन्दी—भेद जानने वाले मनुष्य कभी भी धर्म का आचरण नहीं करते। भिन्न मति वाले भी सुख प्राप्त नहीं करते हैं तथा उन्हें शान्ति भी रुचिकर नहीं लगती।

**न वै तेषां स्वदते पथ्यमुक्तं योगक्षेमं कल्पते नैव तेषाम्।**
**भिन्नानां वै मनुजेन्द्र परायणं न विद्यते किञ्चिदन्यत् विनाशात्॥ 57॥**

हिन्दी—भेद खुल जाने पर मनुष्य को हितकर बात भी अच्छी नहीं लगती और न उन्हें योगक्षेम की प्राप्ति ही हो पाती है। महाराज! भिन्न मतिवाले मनुष्यों की विनाश के अतिरिक्त और कोई गति नहीं होती।

**सम्पन्नं गोषु सम्भाव्यं सम्भाव्यं ब्राह्मणे तपः।**
**सम्भाव्यं चापलं स्त्रीषु सम्भाव्यं ज्ञातितो भयम्॥ 58॥**

हिन्दी—गायों में दूध सम्भव है, ब्राह्मण में तपस्या सम्भव है, स्त्रियों में चपलता सम्भव है तथा सगे-सम्बन्धियों से भय सम्भव है।

**तन्तवो प्यायिता नित्यं तनवो बहुलाः समाः।**
**बहून् बहुत्वादायासान् सहन्तीत्युपमा सताम्॥ 59॥**

हिन्दी—कुलतन्तु के समान बालक पाण्डव तुम्हारे द्वारा बढ़ाये जाने के बाद भी अनेक दुःखों को सहते हैं, अतः वे सज्जनों के सदृश हैं।

**धूमायन्ते व्यपेतानि ज्वलन्ति सहितानि च।**
**धृतराष्ट्रोल्मुकानीव ज्ञातयो भरतर्षभ॥ 60॥**

हिन्दी—हे भरतकुलश्रेष्ठ धृतराष्ट्र! जैसे जलती हुई लकड़ी अलग होने पर धुआँ देती है और इकट्ठे रहने पर जल जाती है, वैसे ही सम्बन्धी जन भी अलग रहने पर दुःख सहते हैं और इकट्ठे रहने पर सुख का भोग करते हैं।

**ब्राह्मणेषु च ये शूराः स्त्रीषु ज्ञातिषु गोषु च।**
**वृन्तादिव फलं पक्वं धृतराष्ट्र! पतन्ति ते॥ 61॥**

हिन्दी—हे धृतराष्ट्र! ब्राह्मणों, गायों और सम्बन्धी जनों के ऊपर जो वीरता दिखलाते हैं, वे पके हुए फल के समान डण्ठल से गिर जाते हैं, अर्थात् नष्ट हो जाते हैं।

विशेष—यहाँ पर विदुर के कहने का अभिप्राय है कि युद्ध न चाहने वाले युधिष्ठिर के ऊपर वीरता दिखलाने वाले दुर्योधन पके हुए फल के समान राज्य से भ्रष्ट हो जायेगा। इसलिए सम्बन्धियों के साथ अन्याय न करे और उन्हें उनका राज्यांश दे।

**महानप्येकजो वृक्षो बलवान् सुप्रतिष्ठितः।**
**प्रसह्य एवं वातेन सस्कन्धो मर्दितु क्षणात्॥ 62॥**

हिन्दी—अकेला वृक्ष महान् तथा अच्छी तरह जड़ से जुड़े होने पर भी क्षण-भर में ही आँधी के द्वारा बलपूर्वक उखाड़ा जा सकता है।

**अथ ये सहिता वृक्षाः सङ्घशः सुप्रतिष्ठिताः।**
**तेहिशीघ्रतमान्वातान्सहन्तेऽन्योन्यसंश्रयात्॥ 63॥**

हिन्दी—और जो वृक्ष समूह में अच्छी प्रकार से खड़े हैं, वे एक-दूसरे के आश्रय से भयंकर आँधी को भी सह लेते हैं।

विशेष—समूह में बल है, एकत्रित हुई असार वस्तुओं को भी तोड़ा नहीं जा सकता, परन्तु अलग-अलग बलवान् को भी नष्ट किया जा सकता है। इसलिए 'सङ्घे शक्तिः कलौ युगे' कहा गया है।

**एवं मनुष्यमप्येक गुणैरपि समन्वितम्।**
**शक्यं द्विषन्तो मन्यन्ते वायुर्द्रुममिवैकजम्॥ 64॥**

हिन्दी—जिस प्रकार अकेले वृक्ष को वायु नष्ट कर देती है। उसी प्रकार अकेले मनुष्य को गुणों से युक्त रहते हुए भी शत्रु नष्ट कर देते हैं।

**अन्योऽन्यसमुपष्टम्भादन्योऽन्यापाश्रयेण च।**
**ज्ञातयः सम्प्रवर्धन्ते सरसीवोत्पलान्युत॥ 65॥**

हिन्दी—जैसे कमल सरोवर में खिलते हैं, वैसे ही एक-दूसरे के सहारे एवं सहयोग से सम्बन्धी भी बढ़ते हैं।

विशेष—इन दोनों दृष्टान्तों के द्वारा विदुर धृतराष्ट्र को समझाने का प्रयास करते हैं कि अत्यन्त दृढ़ वृक्ष भी हिल जाते हैं और अत्यन्त कोमल

कमल का फूल भी एक-दूसरे के सहारे प्रसन्न रहते हैं। इसलिए परस्पर भेद छोड़कर प्रसन्नतापूर्वक एक-दूसरे के साथ रहने का विचार करें और द्वेषभाव छोड़ दें।

**अवध्या ब्राह्मणा गावो ज्ञातयः शिशवः स्त्रियः।**
**येषां चान्नानि भुञ्जीत ये च स्युः शरणागताः॥ 66॥**

हिन्दी–ब्राह्मण, गायें, सम्बन्धीजन, बालक, स्त्रियाँ तथा जिनका अन्न खाते हैं और जो शरण में आये हुए हैं–ये सभी अवध्य होते हैं। इन्हें कभी भी मारना नहीं चाहिए।

**न मनुष्ये गुणः कश्चिद् राजन् सधनतामृते।**
**अनातुरत्वाद् भद्रं ते मृतकल्पा हि रोगिणः॥ 67॥**

हिन्दी–हे राजन्! नीरोगता और धनिकता को छोड़कर मनुष्य में कोई गुण नहीं है। हे राजन्! तुम्हारा कल्याण हो, रोगी तो मरे हुए के समान हैं।

विशेष–यहाँ स्वास्थ्य के साथ धन का महत्त्व बतलाया गया है।

**अव्याधिजं कटुकं शीर्षरोगि पापानुबन्धं परुषं तीक्ष्णमुष्णम्।**
**सतां पेयं यन्न पिबन्त्यसन्तो मन्युं महाराज पिब प्रशाम्य॥ 68॥**

हे धृतराष्ट्र!

हिन्दी–जो बिना व्याधि से उत्पन्न, कटु, सिरदर्द उत्पन्न करने वाला, पाप से लिप्त कठोर, तीखा और गर्म है तथा जिसका सज्जन ही पान कर सकते हैं, दुर्जन नहीं; ऐसे उस क्रोध को आप पी जाइए तथा शान्त हो जाइए।

**रोगार्दिता न फलान्याद्रियन्ते न वै लभन्ते विषयेषु तत्त्वम्।**
**दुःखोपेता रोगिणो नित्यमेव न बुध्यन्ते धनभोगान्न सौख्यम्॥ 69॥**

हिन्दी–रोग से व्याकुलजन फलों का भी आदर नहीं करते तथा विषयों के भोगों में भी उन्हें कोई सार नहीं मिलता। रोगी नित्य दुखी रहते हैं, वे धनों को और सुखों को नहीं जानते।

**पुरा ह्युक्तं नाकरोस्त्वं वचो मे द्यूते जितां द्रौपदीं प्रेक्ष्य राजन्।**
**दुर्योधनं वारयेत्यक्षवत्यां कितवत्वं पण्डिताः वर्जयन्ति॥ 70॥**

हिन्दी—हे राजन्! जुए में द्रौपदी को जीती गयी देखकर मैंने पहले ही कहा था कि जुए में आसक्त दुर्योधन को रोकिए। विद्वान् लोग जुए का निषेध करते हैं, लेकिन आपने मेरे वचन को नहीं माना।

**न तद् बलं यन्मृदुना विरुध्यते सूक्ष्मो धर्मस्तरसा सेवितव्यः।**
**प्रध्वंसिनी क्रूरसमाहिता श्रीर्मृदुप्रौढा गच्छति पुत्रपौत्रान्॥ 71॥**

हिन्दी—वह बल नहीं जिसे कोमलता से विरोध हो, सूक्ष्म धर्म शीघ्रता से सेवन करना चाहिए, क्रूरता से अर्जित की गयी लक्ष्मी नाश करने वाली होती है तथा कोमलतापूर्वक अर्जित लक्ष्मी पुत्र-पौत्रों तक जाती है।

**धार्तराष्ट्राः पाण्डवान् पालयन्तु पाण्डोः सुतास्तव पुत्रांश्च पान्तु।**
**एकारिमित्राः कुरवो ह्येककार्या जीवन्तु राजन् सुखिनः समृद्धाः॥ 72॥**

हिन्दी—हे राजन्! दुर्योधनादि पाण्डवों की रक्षा करें और पाण्डव तुम्हारे पुत्र दुर्योधनादि की रक्षा करें। दोनों एक ही शत्रु, मित्र तथा समान कार्य करने वाले होकर सुख और समृद्धि प्राप्त कर चिरकाल तक जीवित रहें।

**मेढीभूतः कौरवाणां त्वमद्य त्वय्याधीनं कुरुकुलमाजमीढ।**
**पार्थान् बालान् वनवासप्रतप्तान् गोपायस्व स्वं यशस्तात रक्षन्॥ 73॥**

हिन्दी—हे अजमीढ़ के पुत्र। जैसे मेढ़ खेत का रोधक होता है, वैसे ही आप अपने पुत्रों और पाण्डवों के रक्षक हो। यही एकमात्र उपाय है।

**सन्धत्स्व त्वं कौरव पाण्डुपुत्रैर्मा तेऽन्तरं रिपवः पार्थयन्तु।**
**सत्ये स्थितास्ते नरदेव सर्वे दुर्योधनं स्थापय त्वं नरेन्द्र॥ 74॥**

हिन्दी—हें धृतराष्ट्र! तुम पाण्डुपुत्रों के साथ सन्धि करो। शत्रुजन तुम्हारे दोनों के भेद को न जानें। हे राजन्! पाण्डु के पुत्र सत्य पर स्थित हैं, तुम दुर्योधन को वश में रखो।

**॥ चतुर्थ अध्याय समाप्त ॥**

# पञ्चमोऽध्यायः

विदुर ने कहा–

**सप्तदशेमान् राजेन्द्र मनुः स्वायम्भुवोऽब्रवीत्।**
**वैचित्रवीर्यं पुरुषान् आकाशं मुष्टिभिर्घ्नतः॥ 1॥**

हिन्दी–हे विचित्रवीर्य के पुत्र राजाओं में श्रेष्ठ धृतराष्ट्र! स्वयम्भु के पुत्र मनु ने इन सतरह पुरुषों को मूर्ख कहा है।

विशेष–इन सतरह वस्तुओं की गणना आगे की गयी है।

**दानवेन्द्रस्य च धनुरनाम्यं नमतोऽब्रवीत्।**
**अथ मरीचिनः पादान् अग्राह्यान् गृह्णतस्तथा॥ 2॥**

हिन्दी–मेघ में उत्पन्न इन्द्रधनुष न झुकाने योग्य को झुकाते हुए और सूर्य की चन्द्रकिरणों को न ग्रहण करने योग्य को ग्रहण करते हुए को मूर्ख कहा है।

विशेष–इन्द्रधनुष मेघ में उत्पन्न होकर कुछ ही क्षणों में विलीन हो जाता है, अतः उसे झुकाने का कोई प्रश्न ही नहीं उठता। उसी प्रकार सूर्य-चन्द्र की किरणें अग्राह्य होती हैं, उसे पकड़ने वाला भी असम्भ को सम्भव करना चाहता है, अतः मूर्ख है।

**यश्चाशिष्यं शास्ति वै यश्च तुष्येद् यश्चातिवेलं भजते द्विषन्तम्।**
**स्त्रियश्च यो रक्षति भद्रमश्नुते यश्चायाच्यं याच्यते कत्थते च॥ 3॥**

हिन्दी–जो शासन नहीं करने योग्य को शासित करता है और मर्यादा का अतिक्रमण करने वाले शत्रु की सेवा करता है, जो स्त्री की रक्षा करता है और कल्याण चाहता है और जो नहीं माँगने योग्य वस्तु को माँगता है तथा उसकी प्रशंसा करता है–ऐसा मनुष्य मूर्ख होता है।

**यश्चाभिजातः प्रकरोत्यकार्यं यश्चाबलो बलिना नित्यवैरी।**
**अश्रद्दधानाय च यो ब्रवीति यश्चाकाम्यं कामयते नरेन्द्र॥4॥**

हिन्दी–जो उत्तम कुल में उत्पन्न होकर भी नहीं करने योग्य कार्य को करता है और निर्बल होकर बलवान् से नित्य वैर रखता है और जो श्रद्धा नहीं रखने वाले के प्रति बोलता है तथा जो कामना नहीं करने वाले की कामना करता है, वह मूर्ख होता है।

**वध्वावहासं श्वशुरो मन्यते यो वध्वाऽवसन्नभयो मानकामः।**
**परक्षेत्रे निर्वपति यश्च बीजं स्त्रियं च यः परिवदतेऽतिवेलम्॥5॥**

हिन्दी–जो श्वसुर पुत्रवधू से मज़ाक़ करता है और जो वधू के साथ एकान्त में रहकर भी समाज में मान चाहता है और जो दूसरे के खेत में बीजवपन करता है अथवा दूसरे की स्त्री में गर्भाधान करता है और जो स्त्री की मर्यादा का उलंघन कर निन्दा करता है– ये सब मूर्ख माने गये हें।

**यश्चापि लब्ध्वा न स्मरामीति वादी दत्त्वा च यः कत्थति याच्यमानः।**
**यश्चासतः सत्त्वमुपानयीत एतान् नयन्ति निरयं पाशहस्ताः॥6॥**

हिन्दी–जो किसी से वस्तु लेकर भी 'मुझे स्मरण नहीं है', ऐसा कहता है और दान देकर आत्मप्रशंसा करता है तथा जो झूठ को सत्य सिद्ध करने का प्रयास करता है–इन सतरह व्यक्तियों को यमराज के दूत हाथ में रस्सी लेकर नरक में ले जाते हैं।

विशेष–यमराज सूर्यपुत्र तथा देवताओं में एक है। इनका कार्य इस लोक के मनुष्यों को कर्मानुसार न्याय एवं दण्ड देना है। जो जैसा करता है, उसे उसके कर्मानुसार दण्ड देते हैं।

**यस्मिन् यथा वर्तते यो मनुष्यस्तस्मिंस्तथा वर्तितव्यं स धर्मः।**
**मायाचारो मायया वर्तितव्यः साध्वाचारः साधुना प्रत्युपेयः॥7॥**

हिन्दी–जो मनुष्य जैसा व्यवहार करे, उसके साथ वैसा ही व्यवहार करना चाहिए, वही धर्म है। कपट-व्यवहार करने वाले के साथ कपट से व्यवहार और सज्जनों के साथ साधुता का व्यवहार करना चाहिए।

विशेष–यहाँ लौकिक धर्म का वर्णन है। सज्जनों का व्यवहार इसके विपरीत होता है। इस श्लोक के द्वारा यह ध्वनित होता है कि दुर्योधन छली

है, इसलिए उसके साथ युधिष्ठिर के छल व्यवहार करने से कोई दोष नहीं है। परन्तु युधिष्ठिर उनके साथ भी साधुता का व्यवहार कर रहे हैं, जिसके कारण युधिष्ठिर का महत्त्व ख्यापित होता है।

**जरा रूपं हरति धैर्यमाशा मृत्युः प्राणान् धर्मचर्यामसूया।**
**कामो ह्रियं वृत्तमनार्यसेवा क्रोधः श्रियं सर्वमेवाभिमानः॥ 8॥**

हिन्दी—वृद्धावस्था रूप को नष्ट करती है। आशा धैर्य का, मृत्यु जीवन का, असूया धर्माचरण का, लज्जा काम का, दुष्टों का संग सदाचार का, क्रोध लक्ष्मी का और अभिमान सबका नाश कर देता है। अभिमान के आ जाने से मनुष्य का सम्पूर्ण गुणगणसमुदाय नष्ट हो जाते हैं। अभिमान किसी स्थिति में रखना उचित नहीं है।

**धृतराष्ट्र ने कहा—**

**शतायुरुक्तः पुरुषः सर्ववेदेषु वै यदा।**
**नाप्नोत्यथ च तत् सर्वमायुः केनेह हेतुना॥ 19॥**

हिन्दी—सभी वेदों में पुरुष को सौ वर्ष की आयुवाला कहा गया है, तब किस कारण से वह पूर्ण आयु को प्राप्त नहीं करता?

विशेष—यहाँ धृतराष्ट्र ने विदुर से प्रश्न किया है कि जब अभिमान सब वस्तुओं का नाश कर देता है तो मेरे पुत्र अभिमान में ही जी रहे हैं, उन्हें अभिमान छोड़ने के बाद भी सौ वर्ष की आयु मिलेगी अथवा नहीं?

**विदुर ने कहा—**

**अतिमानोऽतिवादश्च तथाऽत्यागो नराधिप।**
**क्रोधश्चात्मविधित्सा च मित्रद्रोहश्च तानि षट्॥ 10॥**

हिन्दी—हे राजन्! अति अभिमान, बहुत बोलना, त्याग नहीं करना, क्रोध, आत्मपोषण की इच्छा और मित्रद्रोह—इन छह कारणों के द्वारा पूर्ण आयु प्राप्त नहीं होती है।

विशेष—'अति सर्वत्र वर्जयेत्' अर्थात् अत्यधिक सब कुछ त्याज्य ही है। क्योंकि इसके द्वारा सब कुछ नष्ट हो जाता है।

**एत एवासयस्तीक्षाः कृन्तन्त्यायूंषि देहिनाम्।**
**एतानि मानवान् घ्नन्ति न मृत्युर्भद्रमस्तु ते॥ 11॥**

हिन्दी—ये छह ही तीक्ष्ण तलवार हैं, ये ही शरीरधारियों की आयु को काटती हैं; मृत्यु नहीं। इसलिए हे राजन्! अभिमान को छोड़ो और कल्याण प्राप्त करो।

विशेष—ब्रह्मचर्य और तपस्या के द्वारा देवताओं ने मृत्यु को जीत लिया। मृत्यु से बचने का एकमात्र यही उपाय है।

**विश्वस्तस्यैति यो दारान् यश्चापि गुरुतल्पगः।**
**वृषलीपतिर्द्विजो यश्च पानपश्चैव भारत॥ 12॥**

**आदेशकृद् वृत्तिहन्ता द्विजानां प्रेषकश्च यः।**
**शरणागतहा चैव सर्वे ब्रह्महणः समाः।**
**एतैः समेत्य कर्तव्यं प्रायश्चित्तमिति श्रुतिः॥ 13॥**

हिन्दी—हे धृतराष्ट्र! जो विश्वासी पुरुषों की पत्नियों के पास जाता है, जो गुरुजनों (मान्यों) की स्त्रियों के साथ सहवास करता है, जो ब्राह्मण नीच स्त्री के साथ सम्बन्ध रखता है, जो शराब पीता है, जो स्वामी अपने अधीनों की जीविका नष्ट करता है, जो ब्राह्मणों को आदेश देता है तथा शरणागतों की रक्षा नहीं करता—ये सब ब्रह्महत्यारे के समान हैं। इनके साथ रहने पर भी प्रायश्चित करना चाहिए, ऐसा वेद कहता है।

विशेष—इसका अभिप्राय यह है कि विदुर धृतराष्ट्र से कहता है कि तुम्हारा पुत्र अभिमान तथा छल के वशीभूत होकर पाण्डवों का राज्य हरण करता है, अतः उनको सहयोग नहीं देना चाहिए। अन्यथा तुम भी उसके पापों का भागी बनोगे।

**गृहीतवाक्यो नयविद् वदान्यः शेषान्नभोक्ता ह्यविहिंसकश्च।**
**नानार्थकृत्याकुलितः कृतज्ञः सत्यो मृदुः स्वर्गमुपैति विद्वान्॥ 14॥**

हिन्दी—जो विद्वान् नीतिशास्त्र को जानने वाला, दाता, यज्ञ के अवशेष को खाने वाला, हिंसा न करने वाला, ग़लत कार्यों को नहीं करने वाला, कोमल तथा सत्यवादी है, वह स्वर्ग को प्राप्त करता है।

**सुलभाः पुरुषा राजन् सततं प्रियवादिनः।**
**अप्रियस्य तु पथ्यस्य वक्ता श्रोता च दुर्लभः॥ 15॥**

हिन्दी—हे राजन्! इस संसार में प्रिय बोलने वाले लोग सुलभ होते हैं, किन्तु अप्रिय होते हुए भी हितकारी वचन बोलने वाला दुर्लभ होता है।

**योो हि धर्मं समाश्रित्य हित्वा भर्तुः प्रियाप्रिये।**
**अप्रियाण्याह पथ्यानि तेन राजा सहायवान्॥ 16॥**

हिन्दी—जो व्यक्ति राजा के प्रिय और अप्रिय लगने की चिन्ता छोड़कर प्रिय न लगने वाला किन्तु हितकारी वचन कहता है, उससे राजा मित्रवान् होता है, वही पुरुष राजा का सच्चा मित्र होता है।

**त्यजेत् कुलार्थे पुरुषं ग्रामस्यार्थे कुलं त्यजेत्।**
**ग्रामं जनपदस्यार्थे आत्मार्थे पृथिवीं त्यजेत्॥ 17॥**

हिन्दी—मनुष्य को चाहिए कि कुल की उन्नति के लिए अहितकारी व्यक्ति को छोड़ दे, ग्राम के हित के लिए कुल को छोड़ दे, जनपद के हित के लिए ग्राम को छोड़ दे तथा अपने हित के लिए सम्पूर्ण पृथ्वी के राज्य को छोड़ दे।

विशेष—जो नायक या राजा इस नियम का पालन नहीं करता है उस देश, समाज या जाति की सर्वविध उन्नति नहीं हो सकती है। जो इस नियम का पालन नहीं करता, वह अपनी हानि तो करता ही है, साथ ही अपने कुल, ग्राम, नगर एवं प्रदेश के दुःख का कारण भी बनता है।

**आपदर्थे धनं रक्षेद् दारान् रक्षेद् धनैरपि।**
**आत्मानं सततं रक्षेद् दारैरपि धनैरपि॥ 18॥**

हिन्दी—संकटकाल के लिए धन की रक्षा करे, धन के द्वारा स्त्री की रक्षा करे तथा स्त्री एवं धन दोनों के द्वारा सदैव अपनी रक्षा करे।

**द्यूतमेतत् पुराकल्पे दृष्टं वैरकरं नृणाम्।**
**तस्माद् द्यूतं न सेवेत हास्यार्थमपि बुद्धिमान्॥ 19॥**

हिन्दी—यह जुआ मनुष्यों में वैरकारक देखा गया है, इसलिए बुद्धिमान् मनुष्य हँसी-मज़ाक़ में भी जुआ न खेले।

विशेष—राजा नल जुआ में राज्य तथा सम्पूर्ण सम्पत्ति को हार गया। जुए के कारण ही महाभारत जैसा भयंकर युद्ध हुआ। इस प्रकार अनेक उदाहरण भरे पड़े हैं।

**उक्तं मया द्यूतकालेऽपि राजन् नेदं युक्तं वचनं प्रातिपेय।**
**तदौषधं पथ्यमिवातुरस्य न रोचते तव वैचित्रवीर्य॥ 20॥**

हिन्दी—हे विचित्रवीर्य के पुत्र धृतराष्ट्र! मैंने जुए के समय भी कहा था कि 'जुआ खेलना बुरा है'। जैसे रोगी को कड़वी हितकारी औषध अच्छी नहीं लगती है, तब तुमको मेरा वह हितकारी वचन अच्छा नहीं लगा।

विशेष—जैसे हितकारी कड़वी औषध रोगी को अच्छी नहीं लगती, उसी प्रकार विदुर के हितकारी वचन धृतराष्ट्र को अच्छे नहीं लगे थे, यहाँ विदुर जी उसी का स्मरण दिला रहे हैं।

**काकैरिमांश्चित्रबर्हान् मयूरान् पराजयेथाः पाण्डवान् धार्तराष्ट्रैः।**
**हित्वा सिंहान् क्रोष्टुकान् गूहमानः प्राप्ते काले शोचिता त्वं नरेन्द्र॥ 21॥**

हिन्दी—हे राजन्! तुम कौवों रूपी कौरवों से मयूररूपी पाण्डवों को पराजित करना चाहते हो। सिंहरूपी पाण्डवों को मारकर गीदड़ों की रक्षा करने पर अवसर आने पर शोक करोगे।

**यस्तात न क्रुध्यति सर्वकालं भृत्यस्य भक्तस्य हिते रतस्य।**
**तस्मिन् भृत्या भर्तरि विश्वसन्ति न चैनमापत्सु परित्यजन्ति॥ 22॥**

हिन्दी—हे भाई! जो स्वामी के हित में लगे हुए भक्त सेवक के प्रति हर समय क्रोध नहीं करता, उस स्वामी के प्रति सेवक विश्वास करते हैं और आपत्तियों के समय भी उसका परित्याग नहीं करते।

**न भृत्यानां वृत्तिसंरोधनेन राज्यं धनं सञ्जिघृक्षेदपूर्वम्।**
**त्यजन्ति ह्येनं वञ्चिता वै विरुद्धाः स्निग्धा ह्यमात्याः परिहीनभोगाः॥ 23॥**

हिन्दी—सेवकों की जीविका हरण कर दूसरे के धन और राज्य को छीनने वाले स्वामी को जीविका से रहित हुए मन्त्री आदि स्नेह रखते हुए भी विरुद्ध होकर छोड़ देते हैं।

**कृत्यानि पूर्वं परिसंख्याय सर्वाण्यायव्यये चानुरूपां च वृत्तिम्।**
**सङ्गृह्णीयादनुरूपान् सहायान् सहायसाध्यानि हि दुष्कराणि॥ 24॥**

हिन्दी—पहले करणीय कार्यों और आय-व्यय के अनुरूप वृत्ति का निश्चय करके योग्य सहायकों को एकत्र करे, क्योंकि दुष्कर कार्य सहायकों द्वारा ही सिद्ध होते हैं।

**अभिप्रायं यो विदित्वा तु भर्तुः सर्वाणि कार्याणि करोत्यतन्द्री।**
**वक्ता हितानामनुरक्त आर्यः शक्तिज्ञ आत्मेव हि सोऽनुकम्प्यः॥ 25॥**

हिन्दी—जो सेवक स्वामी के अभिप्राय को जानकर निरालस्य होकर सब कार्यों को करता है, हितकारी बात करने वाले स्वामी से अनुराग करने वाला सज्जन तथा राजा की शक्ति को जानने वाला है; उसे अपने समान समझ कर ही कृपा करनी चाहिए।

**वाक्यं तु यो नाद्रियतेऽनुशिष्टः प्रत्याह यश्चापि नियुज्यमानः।**
**प्रज्ञाभिमानी प्रतिकूलवादी त्याज्यः स तादृक् त्वरयैव भृत्यः॥ 26॥**

हिन्दी—जो नौकर आदेश देने पर स्वामी के वचन का आदर नहीं करता है, कार्य में लगाने पर प्रत्युत्तर देता है, अपनी बुद्धि का घमण्ड करने वाला तथा विपरीत बोलता है; ऐसे नौकर को शीघ्र ही सेवा से निवृत्त कर देना चाहिए।

**अस्तब्धमक्लीबमदीर्घसूत्रं सानुक्रोशं श्लक्ष्णमहार्यमन्यैः।**
**अरोगजातीयमुदारवाक्यं दूतं वदन्त्यष्टगुणोपपन्नम्॥ 27॥**

हिन्दी—दूत में ये आठ गुण होते हैं—अभिमानरहित, सामर्थ्ययुक्त, शीघ्र कार्यों को करने वाला, दयायुक्त, सुयोग्य दूसरों से अभेद्य, स्वस्थ और ठीक वचन बोलने वाला।

**न विश्वासाज्जातु परस्य गेहे गच्छेन्नरश्चेतयानो विकाले।**
**न चत्वरे निशि तिष्ठेन्निगूढो न राजकाम्यां योषितं प्रार्थयीत॥ 28॥**

हिन्दी—जो दूसरे के घर कभी भी विश्वासपूर्वक न जा सके और असमय चला जाये, चबूतरे के ऊपर रात्रि में छिपकर न रह सके तथा राजा की इच्छा के अनुसार स्त्री को प्रार्थना न करे—इन सबसे राजा को व्यवहार नहीं करना चाहिए।

**न निह्नवं मन्त्रगतस्य गच्छेत् संसृष्टमन्त्रस्य कुसङ्गतस्य।**
**न च ब्रूयान्नाश्वसिमि त्वयीति सकारणं व्यपदेशं तु कुर्यात्॥ 29॥**

हिन्दी—जो मन्त्रणाओं को न छिपा सके, कुमन्त्रों का विरोध न कर सके, 'तुझमें विश्वास नहीं करता हूँ' इस प्रकार कहे—ऐसे जनों से राजा को व्यवहार नहीं करना चाहिए।

**घृणी राजा पुंश्चली राजभृत्यः पुत्रो भ्राता विधवा बालपुत्रा।**
**सेनाजीवी चोद्धृतभूतिरेव व्यवहारेषु वर्जनीयाः स्युरेते॥ 30॥**

हिन्दी–लज्जावान् राजा, वेश्या, राजसेवक, पुत्र, भाई, विधवा स्त्री, सैनिक और अधिकार से हटाया गया अधिकारी–ये सब राजा के व्यवहार के लिए नहीं होते।

**अष्टौ गुणाः पुरुषं दीपयन्ति प्रज्ञा च कौल्यं च श्रुतं दमश्च।**
**पराक्रमश्चाबहुभाषिता च दानं यथाशक्ति कृतज्ञता च॥ 31॥**

हिन्दी–प्रज्ञा, कुलीनता, इन्द्रियदमन, ज्ञान, कम बोलना, पराक्रम, शक्ति के अनुसार दान देना और कृतज्ञता–ये आठ गुण मनुष्य को प्रकाशित करते हैं।

**एतान् गुणांस्तात महानुभावान् एको गुणः संश्रयते प्रसह्य।**
**राजा यदा सत्कुरुते मनुष्यं सर्वान् गुणानेष गुणो बिभर्ति॥ 32॥**

हिन्दी–हे तात! इन महत्त्वपूर्ण गुणों से अधिक राजसम्मान रूप गुण श्रेष्ठ हो जाता है। राजसम्मान रूप गुण सबसे अधिक शोभायमान होता है।

**गुणा दश स्नानशीलं भजन्ते बलं रूपं स्वरवर्णप्रशुद्धिः।**
**स्पर्शश्च गन्धश्च विशुद्धता च श्रीः सौकुमार्यं प्रवराश्च नार्यः॥ 33॥**

हिन्दी–नित्य स्नान करने वाले मनुष्य को दस लाभ प्राप्त होते हैं–शक्ति, सुन्दरता, मधुर स्वर, उज्ज्वल रंग, कोमलता, सुगन्ध, पवित्रता, शोभा, सुकुमारता तथा सुन्दर स्त्रियाँ।

**गुणाश्च षण्मितभुक्तं भजन्ते आरोग्यमायुश्च बलं सुखं च।**
**अनाविलं चास्य भवत्यपत्यं न चैनमाद्यून इति क्षिपन्ति॥ 34॥**

हिन्दी–अल्पाहारी को छह गुण प्राप्त होते हैं–नीरोग रहना, आयु, शक्ति और सुख, 'इनकी सन्तान सुन्दर होती है' तथा 'यह अधिक खाने वाला है', ऐसा कहकर लोग उस पर आक्षेप नहीं करते हैं।

**अकर्मशीलं च महाशनं च लोकद्विष्टं बहुमायं नृशंसम्।**
**अदेशकालज्ञमनिष्टवेषमेतान् गृहे न प्रतिवासयेत॥ 35॥**

हिन्दी–काम नहीं करने वाले, बहुत खाने वाले, लोगों से द्वेष करने

वाले, अधिक मायावी, क्रूर, देश और काल का ज्ञान नहीं रखने वाले तथा निन्दित वेष धारण करने वाले लोगों को घर में वास न करने दें।

**कदर्यमाक्रोशकमश्रुतं च वनौकसं धूर्तममान्यमानिनम्।**
**निष्ठूरिणं कृतवैरं कृतघ्नमेतान् भृशार्तोऽपि न जातु याचेत्॥ 36॥**

हिन्दी—कंजूस, गाली देने वाले, मूर्ख, जंगली, धूर्त, अपात्र को मान देने वाले, निर्दयी और वैरी—बहुत अधिक दुखी होने पर भी इन व्यक्तियों से याचना न करें।

**सङ्क्लिष्टकर्माणमतिप्रमादं नित्यानृतं चादृढभक्तिकं च।**
**विसृष्टरागं पटुमानिनं चाप्येतान् न सेवेत नराधमान् षट्॥ 37॥**

हिन्दी—आततायी, अतिप्रमादी, सदा झूठे, दिखावटी भक्तिवाले, नष्ट स्नेह वाले और अपने को चतुर मानने वाले—छः नीच पुरुषों का संग न करें।

विशेष—शास्त्रों में आततायी को मारने तथा उसके साथ संग के लिए मना किया गया है। घर में अग्नि देने वाले, विष देने वाले, शस्त्र हाथ में लेकर मारने वाले, धन छीनने वाले, पत्नी और खेत का अपहरण करने वाले—ये छह आततायी होते हैं। ये कोई भी हों, उन्हें देखते ही मारने में किसी प्रकार का दोष नहीं होता है।

**सहायबन्धना ह्यर्थाः सहायाश्चार्थबन्धनाः।**
**अन्योऽन्यबन्धनावेतौ विनान्योऽन्यं न सिध्यतः॥ 38॥**

हिन्दी—मित्रों को बाँधने वाले धन होते हैं और धन को बाँधने वाले मित्र—ये दोनों एक-दूसरे को बाँधने वाले हैं, एक-दूसरे के बिना ये सिद्ध नहीं होते।

**उत्पाद्य पुत्राननृणांश्च कृत्वा वृत्तिं च तेभ्योऽनुविधाय काञ्चित्।**
**स्थाने कुमारीः प्रतिपाद्य सर्वा अरण्यसंस्थोऽथ मुनिर्बुभूषेत्॥ 39॥**

हिन्दी—पुत्रों को उत्पन्न करके, उन्हें ऋणरहित करके, उनके जीवन-निर्वाह के लिए व्यवस्था करके तथा कन्याओं का उचित वर से विवाह करके वानप्रस्थ आश्रम में रहकर वन में मुनि रूप में होने की इच्छा करे।

**हितं यत् सर्वभूतानामात्मनश्च सुखावहम्।**
**तत् कुर्यादीश्वरे ह्येतन्मूलं सर्वार्थसिद्धये॥ 40॥**

हिन्दी—जो सबके लिए हितकारी हो और अपने लिए भी सुखकारक हो, वही कर्म करना चाहिए। इसके द्वारा धर्म-अर्थ-काम-मोक्ष रूपी पुरुषार्थों की प्राप्ति होती है।

**वृद्धिः प्रभावस्तेजश्च सत्त्वमुत्थानमेव च।**
**व्यवसायश्च यस्य स्यात् तस्यावृत्तिभयं कुतः॥ 41॥**

हिन्दी—जिस मनुष्य की धनवृद्धि, प्रभाव, तेज, श्रेष्ठ उन्नति और व्यवसाय हो, उसे जीविका-निर्वाह का भय कैसे हो सकता है?

**पश्य दोषान् पाण्डवैर्विग्रहे त्वं यत्र व्यथेयुरपि देवाः सशक्राः।**
**पुत्रैर्वैरं नित्यमुद्विग्नवासो यशःप्रणाशो द्विषतां च हर्षः॥ 42॥**

हिन्दी—हे धृतराष्ट्र! पाण्डवों के साथ युद्ध करने से दोषों को देखो, जहाँ इन्द्र सहित देवता भी पीड़ित होंगे, पुत्रों के साथ शत्रुता, उद्वेग के साथ नित्य निवास, यशनाश तथा शत्रुओं को हर्ष होगा। अतः ऐसा कार्य नहीं करना चाहिए।

**भीष्मस्य कोपस्तव चैवेन्द्रकल्प द्रोणस्य राज्ञश्च युधिष्ठिरस्य।**
**उत्सादयेल्लोकमिमं प्रवृद्धः श्वेतो ग्रहस्तिर्यगिवापतन् खे॥ 43॥**

हिन्दी—हे इन्द्रतुल्य धृतराष्ट्र! जैसे तिरछी गति से आकाश में चलता हुआ धूमकेतु संसार को नष्ट कर देता है। भीष्म, द्रोण, राजा युधिष्ठिर और तुम्हारा बढ़ा हुआ कोप इस संसार को नष्ट कर देगा।

**तव पुत्रशतं चैव कर्णः पञ्च च पाण्डवाः।**
**पृथिवीमनुशासेयुरखिलां सागराम्बराम्॥ 44॥**

हिन्दी—हे धृतराष्ट्र! सौ तुम्हारे पुत्र, कर्ण और पाँच पाण्डव मिलकर आकाश सहित सम्पूर्ण पृथ्वी का शासन करें।

**धार्तराष्ट्रा वनं राजन् व्याघ्राः पाण्डुसुता मताः।**
**मा वनं छिन्धि सव्याघ्रं मा व्याघ्रा नीनशन् वनात्॥ 45॥**

**न स्याद् वनमृते व्याघ्रान् व्याघ्रा न स्युर्ऋते वनम्।**
**वनं हि रक्ष्यते व्याघ्रैर्व्याघ्रान् रक्षति काननम्॥ 46॥**

हिन्दी—हे राजन् धृतराष्ट्र! तुम्हारे पुत्र दुर्योधन आदि वन के समान हैं और पाण्डव व्याघ्र के समान हैं। बाघ सहित वन को नष्ट मत करो और न वन से बाघ को; क्योंकि बाघों के बिना वन नहीं रहता और वन के बिना बाघ। वन की रक्षा बाघों से होती है और बाघों की रक्षा वन से। अतः कौरव-पाण्डव रूपी वन एवं बाघ मिलकर रहें तथा एक-दूसरे की रक्षा करें, इसी में दोनों का कल्याण है।

**न तथेच्छन्ति कल्याणान् परेषां वेदितुं गुणान्।**
**यथैषां ज्ञातुमिच्छन्ति नैर्गुण्यं पापचेतसः॥ 47॥**

हिन्दी—दुर्जन लोग दूसरों के गुणों को जानने की इच्छा नहीं करते, वे उनके दोषों को जानने की इच्छा करते हैं।

**अर्थसिद्धिं परामिच्छन् धर्ममेवादितश्चरेत्।**
**न हि धर्मादपैत्यर्थः स्वर्गलोकादिवामृतम्॥ 48॥**

हिन्दी—जैसे स्वर्गलोक से अमृत अलग नहीं होता है। उसी प्रकार अर्थ चाहते हुए भी धर्म का प्रारम्भ से ही आचरण करना चाहिए, क्योंकि धर्म से अर्थ कभी अलग नहीं होता है।

विशेष—समुद्रमन्थन के द्वारा अमृत निकला। अमृतपान करके देवता अमर हो गये। उसे पीने के लिए देवता और राक्षस एक साथ लड़ने लगे। विष्णु ने मोहिनी रूप धारण करके अमृत को देवताओं में बाँट दिया। इसके बाद भयंकर देवासुर संग्राम हुआ। इस प्रकार अमृत देवताओं के पास रहा और स्वर्गलोक से अमृत अलग नहीं हुआ।

**यस्यात्मा विरतः पापात् कल्याणे च निवेशितः।**
**तेन सर्वमिदं बुद्धं प्रकृतिर्विकृतिश्च या॥ 49॥**

हिन्दी—जिस व्यक्ति की आत्मा पाप से अलग है तथा धर्मकार्यों में लगा हुआ है, उसने प्रकृति से लेकर परब्रह्म तक सब कुछ जान लिया है।

**यो धर्ममर्थं कामं च यथाकालं निषेवते।**
**धर्मार्थकामसंयोगं सोऽमुत्रेह च विन्दति॥ 50॥**

हिन्दी—जो मनुष्य धर्म, अर्थ और काम का यथासमय सेवन करता है, वह इस लोक और परलोक में धर्म, अर्थ एवं काम को प्राप्त करता है।

**सन्नियच्छति यो वेगमुत्थितं क्रोधहर्षयोः।**
**स श्रियो भाजनं राजन् यश्चापत्सु न मुह्यति॥ 51॥**

हिन्दी—हे राजन्! जो मनुष्य क्रोध और हर्ष के वेग को ज्ञानपूर्वक शान्त कर लेता है, वह लक्ष्मी का पात्र बनता है तथा विपत्ति में मोह को प्राप्त नहीं होता है।

**बलं पञ्चविधं नित्यं पुरुषाणां निबोध मे।**
**यत्तु बाहुबलं नाम कनिष्ठं बलमुच्यते॥ 52॥**

हिन्दी—हे राजन्! पुरुषों का पाँच प्रकार बल मुझसे समझो, शारीरिक बल सबसे निम्न स्तर का माना जाता है।

**अमात्यलाभो भद्रं ते द्वितीयं बलमुच्यते।**
**तृतीयं धनलाभं तु बलमाहुर्मनीषिणः॥ 53॥**

हिन्दी—कल्याणकारक मन्त्री की प्राप्ति दूसरा बल कहा गया है। धनप्राप्ति होना मनीषियों ने तीसरा बल कहा है।

**यत्त्वस्य सहजं राजन् पितृपैतामहं बलम्।**
**अभिजातबलं नाम तच्चतुर्थं बलं स्मृतम्॥ 54॥**

हिन्दी—जो इस पुरुष का पिता, पितामह सम्बन्धी स्वाभाविक बल है, वह अभिजात बल कहलाता है; वह चौथा बल है।

**येन त्वेतानि सर्वाणि सङ्गृहीतानि भारत।**
**यद् बलानां बलं श्रेष्ठं तत् प्रज्ञाबलमुच्यते॥ 55॥**

हिन्दी—हे भरतकुल में उत्पन्न धृतराष्ट्र! जिस बल ने ये सब बल संगृहीत किये हैं, जो बलों का बल है, उसे बुद्धिबल कहा जाता है। जिसके पास बुद्धिबल है, उसी के पास बल है, जिसके पास बुद्धि नहीं है, उसे बल कहाँ?

**महते योऽपकाराय नरस्य प्रभवेन्नरः।**
**तेन वैरं समासज्य दूरस्थोऽस्मीति नाश्वसेत्॥ 56॥**

हिन्दी—जो मनुष्य किसी मनुष्य के बड़े उपकार के लिए समर्थ हो,

उससे शत्रुता प्राप्त करके 'मैं दूर हूँ' इस प्रकार आश्वस्त न हो। शत्रुता करने के बाद उदासीन होने से हानि होती है।

विशेष—जो मनुष्य शत्रु से शत्रुता करके तटस्थ हो जाता है, वह सूखी घास में आग लगाकर हवा के अभिमुख सोता है अर्थात् वह आग उसे शीघ्र ही जला देती है, वैसे ही शत्रुता करके तटस्थ रहने वाला नष्ट हो जाता है।

**स्त्रीषु राजसु सर्पेषु स्वाध्यायप्रभुशत्रुषु।**
**भोगेष्वायुषि विश्वासं कः प्राज्ञः कर्तुमर्हति॥ 57॥**

हिन्दी—स्त्रियाँ और राजा स्वभाव से चंचल होते हैं। सर्प का स्वभाव ही डँसने वाला होता है। अनभ्यास से विद्या विष के समान हो जाती है। भोग से कभी शान्ति नहीं होती, आयु का कभी ठिकाना नहीं है। अतः विचारवान् इनके विषय में दृढ़चित्त नहीं होते हैं।

**प्रज्ञाशरेणाभिहतस्य जन्तोश्चिकित्सकाः सन्ति न चौषधानि।**
**न होममन्त्रा न च मङ्गलानि नाथर्वणा नाप्यगदाः सुसिद्धाः॥ 58॥**

हिन्दी—बुद्धिरूपी बाण से मारे गये मनुष्य का न कोई चिकित्सक होता है और न कोई औषध; न होम के मन्त्र काम आते हैं, न स्वस्तिवाचक श्लोक; न अथर्ववेद के मन्त्र काम आते हैं और न ठीक से बनी हुई दवाई ही काम आती है।

**सर्पाश्चाग्निश्च सिंहश्च कुलपुत्रश्च भारत।**
**नावज्ञेया मनुष्येण सर्वे ह्येतेऽतितेजसः॥ 59॥**

हिन्दी—हे भरतकुल धृतराष्ट्र! मनुष्य सर्प, अग्नि, सिंह तथा कुलपुत्र का कभी तिरस्कार न करें, क्योंकि ये सब अत्यन्त तेजस्वी होते हैं।

विशेष—सर्प तिरस्कार का बदला लेता है, सिंह भी वही करता है। अग्नि की चिनगारी ही सभी को जलाकर राख कर देती है। कुलपुत्र कभी भी उपेक्षा का पात्र नहीं होता है। एक ही विभीषण के अपमान के कारण सम्पूर्ण लंका नष्ट हो गयी। एक ही जयचन्द के विरोधी पक्ष में मिल जाने के कारण भारत देश ग़ुलामी की बेड़ी में जकड़ने लगा। इसलिए कुलपुत्र की कभी उपेक्षा नहीं करनी चाहिए।

**अग्निस्तेजो महल्लोके गूढस्तिष्ठति दारुषु।**
**न चोपयुङ्क्ते तद्दारु यावन्नोद्दीप्यते परैः॥ 60॥**

**स एव खलु दारुभ्यो यदा निर्मथ्य दीप्यते।**
**तद्दारु च वनं चान्यन्निर्दहत्याशु तेजसा॥ 61॥**

हिन्दी—संसार में अग्नि श्रेष्ठ तेज है। वह लकड़ी में छिपा रहता है, परन्तु जब तक दूसरे लोग उसे नहीं जलाते हैं तब तक वह नहीं जलता है। वही अग्नि जब लकड़ियों को रगड़कर जला दिया जाता है तो वही आग सभी वनों तथा अन्य सभी को जलाकर राख कर देती है।

**एवमेव कुले जाता पावकोपमतेजसः।**
**क्षमावन्तो निराकाराः काष्ठेऽग्निरिव शेरते॥ 62॥**

हिन्दी—इसी प्रकार कुलपुत्र आग के समान तेजस्वी होते हैं। क्षमावान् निराकार रूप में लकड़ी में अग्नि के समान गुप्त रहते हैं।

**लताधर्मा त्वं सपुत्रः शालाः पाण्डुसुता मताः।**
**न लता वर्धते जातु महाद्रुममनाश्रिता॥ 63॥**

हिन्दी—हे राजन्! तुम और तुम्हारे पुत्र लता के समान हैं और पाण्डु के पुत्र युधिष्ठिरादि शाल वृक्ष के समान हैं। लता बिना वृक्ष के सहारे कभी नहीं बढ़ती।

विशेष—विदुर ने धृतराष्ट्र से स्पष्ट किया कि तुम्हारे पुत्र भीष्म, कृप और कर्ण के सहारे बड़े पराक्रमी होते हुए भी लता के समान हैं, लेकिन पितृविहीन पाण्डव शाल वृक्ष के समान हैं। इसलिए तुम और तुम्हारे पुत्र पाण्डवों के सहारे के बिना आगे नहीं बढ़ सकते।

**वनं राजंस्तव पुत्रोऽम्बिकेय सिंहान् वने पाण्डवांस्तात विद्धि।**
**सिंहैर्विहीनं हि वनं विनश्येत् सिंहाः विनश्येयुर्ऋते वनेन॥ 64॥**

हिन्दी—हे अम्बिका पुत्र धृतराष्ट्र! तुम्हारे पुत्र वन के सदृश हैं और पाण्डव सिंह के सदृश। सिंहों के बिना वन नष्ट हो जाते हैं और वन सिंह के बिना। जैसे वन और सिंह एक-दूसरे के रक्षक हैं, वैसे ही पाण्डव और कौरव एक-दूसरे के रक्षक हैं, अतः एक-दूसरे की रक्षा करें। रक्षा करने से दोनों का कल्याण होगा अन्यथा विनाश तो निश्चित ही है।

**॥ पञ्चम अध्याय समाप्त ॥**

# षष्ठोऽध्यायः

**विदुर ने कहा—**

**ऊर्ध्वं प्राणा ह्युत्क्रामन्ति यूनः स्थविर आयति।**
**प्रत्युत्थानाभिवादाभ्यां पुनस्तान् प्रतिपद्यते॥ 1॥**

हिन्दी—वृद्ध या श्रेष्ठ लोगों के आने से युवकों के प्राण ऊपर को उठते हैं, परन्तु खड़े होने और अभिवादन करने से पुनः अपने स्थान को प्राप्त हो जाता है।

विशेष—मनुष्य का जीवन ही प्राण है, अतः श्रेष्ठ जनों के दर्शन से उसमें आवेग उठता है। लेकिन अभिवादन से वह स्वाभाविक हो जाता है। इसके अतिरिक्त भी अनेक फल बतलाये गये हैं—

**'अभिवादनशीलस्य नित्यं वृद्धोपसेविनः।**
**चत्वारि तस्य वर्धन्ते आयुर्विद्या यशो बलम्'।।**

हिन्दी—अर्थात् नित्य वृद्धों की सेवा करने तथा अभिवादन करने से आयु, विद्या, यश और बल इन चारों की वृद्धि होती है।

**पीठं दत्त्वा साधवेऽभ्यागताय आनीयापः परिनिर्णिज्य पादौ।**
**सुखं पृष्ट्वा प्रतिवेद्यात्मसंस्थां ततो दद्यादन्नमवेक्ष्य धीरः॥ 2॥**

हिन्दी—धैर्यवान् मनुष्य को चाहिए कि घर आये हुए सज्जन पुरुष को आसन देकर बैठाए, पाँव धोने के लिए जल दे, कुशल पूछकर अपना समाचार बताए; इसके बाद भोजन कराये।

**यस्योदकं मधुपर्कं च गां च न मन्त्रवित् प्रतिगृह्णाति गेहे।**
**लोभाद् भयादथ कार्पण्यतो वा तस्यानर्थं जीवितमाहुरार्याः॥ 3॥**

हिन्दी—जिस कृपण मनुष्य के यहाँ लोभ, भय अथवा कृपणता से

जल, मधुपर्क तथा गाय आदि को विद्वान् पुरुष को नहीं दिया जाता है; उसका जीना व्यर्थ है। अर्थात् घर में आये हुए मनुष्य का सत्कार करना चाहिए।

विशेष—'आतिथ्यं गृहमेधिनाम्' अर्थात् गृहस्थों को अतिथि-सेवा करनी चाहिए। इसके लिए प्राचीन शास्त्रों में मधुपर्क (दूध, दही, घी, मधु और शक्कर) का उल्लेख है। इसी से सज्जनों का सत्कार करना चाहिए।

**चिकित्सकः शल्यकर्ताऽवकीर्णी स्तेनः क्रूरो मद्यपो भ्रूणहा च।**
**सेनाजीवी श्रुतिविक्रायकश्च भृशं प्रियोऽप्यतिथिर्नोदकार्हः॥4॥**

हिन्दी—द्रव्य लेकर दवाई देने वाला वैद्य, पीड़ा पहुँचाने वाला, ब्रह्मचर्यरहित, चोर, क्रूर, शराबी, गर्भपाती, सैनिक, वेदज्ञान को बेचने वाला, अत्यन्त प्रिय रहने पर भी घर आने पर सत्कार के पात्र नहीं होते हैं।

विशेष—सेना में जो मातृभूमि और देशधर्म की अस्मिता की रक्षा करने के लिए प्रवेश करते हैं, वे तो वन्दनीय हैं, परन्तु जो केवल पैसे के लिए प्रवेश लेता है वह गर्हित है। उसके विषय में निन्दा की गयी है। वेदवाणी जानना और उसके अनुसार आचरण करना श्रेष्ठ है, लेकिन केवल पैसे के लिए वेद का अध्ययन-अध्यापन करना उचित नहीं माना जाता।

**अविक्रयं लवणं पक्वमन्नं दधि क्षीरं मधु तैलं घृतं च।**
**तिला मांसं फलमूलानि शाकं रक्तं वासः सर्वगन्धा गुडाश्च॥5॥**

हिन्दी—नमक, पका हुआ अन्न, दही, दूध, शहद, तैल, घृत, तिल, मांस, फल, मूल, शाक, ख़ून, वस्त्र, सब प्रकार के सुगन्ध और गुड़ बेचने के योग्य नहीं होते हैं। अर्थात् इन्हें नहीं बेचना चाहिए।

विशेष—वर्तमान समय में सम्पूर्ण विश्व सिमटकर एक हो गया है। इसलिए एक-दूसरे के हित के लिए बेचना भी अनुचित नहीं माना जाता है, परन्तु आज भी रक्त बेचना अच्छा नहीं माना गया है।

**आरोषणोयःसमलोष्टाश्मकाञ्चनःप्रहीणशोकोगतसन्धिविग्रहः।**
**निन्दाप्रशंसोपरतः प्रियाप्रिये त्यजन्नुदासीनवदेष भिक्षुकः॥6॥**

हिन्दी—क्रोध नहीं करने वाला, मिट्टी, पत्थर और सोने को समान देखने वाला, शोकरहित, वैरभाव एवं स्नेहभाव से रहित, निन्दा-प्रशंसा में समभाव

रखने वाला तथा प्रिय-अप्रिय को छोड़ता हुआ यह भिक्षुक उदासीन के समान रहता है।

विशेष—तटस्थभाव से रहने वाले मुनि जन राग-द्वेषविमुक्त होते हैं। उन्हें किसी वस्तु की आवश्यकता नहीं होती तथा वे किसी से अपेक्षा नहीं रखते, अतः वे सबसे सुखी हैं।

**नीवारमूलेङ्गुदशाकवृत्तिः सुसंयतात्माग्निकार्येषु चोद्यः।**
**वने वसन्नतिथिष्वप्रमत्तो धुरन्धरः पुण्यकृदेष तापसः॥ 7॥**

हिन्दी—नीवार, फल, मूल एवं शाकों से अपना जीवन-निर्वाह करने वाला, जितेन्द्रिय, यज्ञकार्यों को करने वाला, वन में निवास करते हुए तथा अतिथि-सेवा करने वाला यह तपस्वी श्रेष्ठ कार्य करता है।

**अपकृत्य बुद्धिमतो दूरस्थोऽस्मीति नाश्वसेत्।**
**दीर्घो बुद्धिमतो बाहू याभ्यां हिंसति हिंसितः॥ 8॥**

हिन्दी—बुद्धिमान् मनुष्य का अपकार करके 'मैं दूर स्थित हूँ' इस प्रकार से विश्वास न करे, क्योंकि बुद्धिमान् मनुष्य की लम्बी भुजाएँ होती हैं, जिनसे अपकार का बदला ले लेता है।

**न विश्वसेदविश्वस्ते विश्वस्ते नातिविश्वसेत्।**
**विश्वासाद् भयमुत्पन्नं मूलान्यपि निकृन्तति॥ 9॥**

हिन्दी—अविश्वस्त के ऊपर विश्वास न करे और विश्वासी पर अत्यधिक विश्वास न करे। विश्वास से भय उत्पन्न होता है, जो जड़ों को भी काट देता है।

विशेष—विश्वासी मनुष्य भी कदाचित् अविश्वासी बन जाता है। अतः व्यवहार में अत्यन्त विश्वास करने के लिए नीतिकार ने मना किया है। किसी कारणवश विश्वासी मित्र भी कुपित हो जाये तो सभी गोपनीय बातों को प्रकाशित कर देगा। इसलिए अत्यन्त विश्वास के लिए निषेध किया गया है।

**अनीषुर्गुप्तदारश्च संविभागी प्रियंवदः।**
**श्लक्ष्णो मधुरवाक् स्त्रीणां न चासां वशगो भवेत्॥ 10॥**

हिन्दी—मनुष्य ईर्ष्या-द्वेष करने वाला न हो, स्त्रियों की रक्षा करने वाला हो, उपभोग की सामग्री को बाँटकर खाने वाला, प्रिय बोलने वाला, सरल

स्वभाववाला, स्त्रियों का समादर करने वाला तथा उनके वश में न होने वाला होना चाहिए।

**पूजनीया महाभागाः पुण्याश्च गृहदीप्तयः।**
**स्त्रियः श्रियो गृहस्योक्तास्तस्माद् रक्ष्या विशेषतः॥ 11॥**

हिन्दी—घर में स्त्रियाँ पूजनीया, महालक्ष्मीस्वरूपा, पुण्या, घर को प्रकाशित करने वाली होती हैं। स्त्रियाँ घर की लक्ष्मी होती हैं, इसलिए विशेष रूप से रक्षणीय हैं।

विशेष—घर रहने से घर नहीं होता, गृहिणी के रहने से ही घर माना जाता है। इसके बिना घर में और वन में कोई अन्तर नहीं है।

**पितुरन्तःपुरं दद्यात् मातुर्दद्यान्महानसम्।**

**गोषु चात्मसमं दद्यात् स्वयमेव कृषिं व्रजेत्।।**
**भृत्यैर्वाणिज्यचारं च पुत्रः सेवेत च द्विजान्॥ 12॥**

हिन्दी—पिता को गृहरक्षा का भार देना चाहिए, माता को रसोईघर का भार देना चाहिए, अपना हित करने वाले को गोरक्षा का भार तथा कृषिकार्य को स्वयं करना चाहिए, नौकरों को व्यापार और पुत्रों को ब्राह्मणों की सेवा करने में लगाना चाहिए।

**अद्भ्योऽग्निर्ब्रह्मतः क्षत्रमश्मनो लोहमुत्थितम्।**
**तेषां सर्वत्रग तेजः स्वासु योनिषु शाम्यति॥ 13॥**

हिन्दी—जल से अग्नि, ब्रह्म से क्षत्रिय, पाषाण से लोहा आदि धातु उत्पन्न होने वाली, उन सभी का सर्वत्र जाने वाला तेज अपनी योनियों में शान्त हो जाता है।

**नित्यं सन्तः कुले जाताः पावकोपमतेजसः।**
**क्षमावन्तो निराकाराः काष्ठेऽग्निरिव शेरते॥ 14॥**

हिन्दी—श्रेष्ठ कुल में उत्पन्न, आग के समान तेजस्वी, नित्य क्षमावान् तथा संयत चेष्टा वाले सज्जन पुरुष लकड़ी में आग के समान छिपे रहते हैं।

**यस्य मन्त्रं न जानन्ति बाह्याश्चाभ्यन्तराश्च ये।**
**स राजा सर्वतश्चक्षुश्चिरमैश्वर्यमश्नुते॥ 15॥**

हिन्दी—जिसके विचार को दूर रहने वाले और समीप रहने वाले शत्रु-मित्र नहीं जानते और जो सब जगह देखता है, वही राजा बहुत काल तक राजलक्ष्मी का उपभोग करता है।

**करिष्यन्न प्रभाषेत कृतान्येव तु दर्शयेत्।**
**धर्मकामार्थकार्याणि तथा मन्त्रो न भिद्यते॥ 16॥**

हिन्दी—भविष्य में करने योग्य कार्यों को प्रकट न करे और किये हुए कार्यों को ही दिखावे। धर्म, काम और अर्थ सम्बन्धी कार्यों को तथा मन्त्र को प्रकट नहीं करता है।

**गिरिपृष्ठमुपारुह्य प्रासादं वा रहोगतः।**
**अरण्ये निःशलाके वा तत्र मन्त्रो विधीयते॥ 17॥**

हिन्दी—पर्वत की चोटी पर बैठकर, महल में अथवा एकान्त स्थान में जाकर तथा घास रहित स्थान में जाकर मन्त्रणा करनी चाहिए।

विशेष—राजा का मन्त्रभेदन से प्रजा के ऊपर अनेक प्रकार के कष्ट आ सकते हैं। अतः मन्त्र-विचार पर तथा उसे गोपनीय रखने के लिए अनेक उपाय विदुर ने बतलाया है।

**नासुहृत् परमं मन्त्रं भारतार्हति वेदितुम्।**

**अपण्डितो वापि सुहृत् पण्डितो वाप्यनात्मवान्॥**

**नापरीक्ष्य महीपालः कुर्य्यात् सचिवमात्मनः॥ 18॥**

हिन्दी—हे भरतकुलोत्पन्न धृतराष्ट्र! जो मित्र नहीं है, वह मन्त्र को जानने का अधिकारी नहीं होता। इसी प्रकार जो मित्र है, परन्तु मूर्ख है; पण्डित है लेकिन चंचल स्वभाव होने के कारण भी मन्त्र के अधिकारी नहीं हैं। इसलिए राजा को चाहिए कि परीक्षा किये बिना मन्त्री न बनाये।

**अमात्ये ह्यर्थलिप्सा च मन्त्ररक्षणमेव च।**
**कृतानि सर्वकार्याणि यस्य पारिषदा विदुः॥ 19॥**

**धर्मे चार्थे च कामे च स राजा राजसत्तमः।**
**गूढमन्त्रस्य नृपतेस्तस्य सिद्धिरसंशयम्॥ 20॥**

हिन्दी—नये अर्थ एवं राज्य की इच्छा तथा मन्त्ररक्षण का कर्तव्य मन्त्री का होता है। जिसे गुप्त मन्त्र वाले राजा के धर्म, अर्थ और काम विषय के सारे कार्यों को कर लेने के बाद ही सभा के लोग जानते हैं, उस राजा को सफलता निश्चित ही मिलती है।

**अप्रशस्तानि कार्याणि यो मोहादनुतिष्ठति।**
**स तेषां विपरिभ्रंशाद् भ्रंश्यते जीवितादपि॥ 21॥**

हिन्दी—जो पुरुष निन्दित कर्मों को मोहवश करता है, वह उन कर्मों के दूषित होने से जीवन से भी नष्ट हो जाता है।

**कर्मणां तु प्रशस्तानामनुष्ठानं सुखावहम्।**
**तेषामेवाननुष्ठानं पश्चात्तापकरं मतम्॥ 22॥**

हिन्दी—उत्तम कर्मों का आचरण करना ही सुखकारक माना गया है तथा उसका आचरण न करना दुःख का कारण बनता है।

**अनधीत्य यथा वेदान् न विप्रः श्राद्धमर्हति।**
**एवमश्रुतषाड्गुण्यो न मन्त्रं श्रोतुमर्हति॥ 23॥**

हिन्दी—जैसे वेद को बिना पढ़े ब्राह्मण श्रद्धा का पात्र नहीं होता है, वैसे ही राजनीति के छह गुणों को जाने बिना मन्त्र का अधिकारी नहीं होता।

विशेष—श्राद्ध का अर्थ श्रद्धा से पितरों के निमित्त दी गयी वस्तुओं से लिया जाता है। इसके छह अधिकारी हैं—स्नातक, आचार्य, पुरोहित, राजा, जमाता, श्रेष्ठ तथा प्रियमित्र। इसी प्रकार राजा के छह अंग होते हैं—सन्धि, विग्रह, यान, आसन, द्वैधीभाव और सभाश्रय। इनके आधार पर राज्यकार्य चलता है।

**स्थानवृद्धिक्षययज्ञस्य षाड्गुण्यविदितात्मनः।**
**अनवज्ञातशीलस्य स्वाधीना पृथिवी नृप॥ 24॥**

हिन्दी—हे राजन्! जिसका स्थान, वृद्धि एवं नाश रूप यज्ञ चलता रहता है, जो छह सन्धि आदि गुणों को यथावत् जानता है तथा जिसका मनोगत भाव दूसरा समझ नहीं पाता है—ऐसे व्यक्ति में ही पृथ्वी रहती है।

**अमोघक्रोधहर्षस्य स्वयं कृत्यान्ववेक्षिणः।**
**आत्मप्रत्ययकोशस्य वसुदैव वसुन्धरा॥ 25॥**

हिन्दी—जिस व्यक्ति का क्रोध और हर्ष निष्फल नहीं होता तथा किये गये कार्यों पर पुनः विचार करने वाला होता है एवं अपने बल पर भरोसा रखता है—उसको पृथ्वी तथा राज्य धन-ऐश्वर्य को देने वाले होते हैं।

**नाममात्रेण तुष्येत छत्रेण च महीपतिः।**
**भृत्येभ्यो विसृजेदर्थान्नैकः सर्वहरो भवेत्॥ 26॥**

हिन्दी—राजा राजचिह्न छत्र से ही सन्तुष्ट रहे तथा नौकरों में धनों को बाँटकर ऐश्वर्य का भोग करे, अकेला सर्वस्व भोग न करे। अन्यथा नौकर ही उसका विरोध कर देते हैं तथा राजा का विनाश कर सकते हैं।

**ब्राह्मणं ब्राह्मणो वेद भर्ता वेद स्त्रियं तथा।**
**अमात्यं नृपतिर्वेद राजा राजानमेव च॥ 27॥**

हिन्दी—ब्राह्मण को ब्राह्मण जानता है, पति को पत्नी जानती है, राजा मन्त्री को जानता है और राजा को राजा ही जानता है। इसका अभिप्राय यह भी है कि जिसका जिसके साथ साक्षात् सम्बन्ध होता है, वही उसको जानता है।

**न शत्रुर्वशमापन्नो मोक्तव्यो वध्यतां गतः।**

**न्यग्भूत्वा पर्युपासीत वध्यं हन्याद् बले सति।**
**अहताद्धि भयं तस्माज्जायते नचिरादिव॥ 28॥**

हिन्दी—वश में आये हुए मारने योग्य शत्रु को कभी छोड़ना नहीं चाहिए, समय आने पर उसका समूल नष्ट कर दें। मारने योग्य शत्रु को यदि न मारा जाये तो उससे शीघ्र ही भय उत्पन्न होता है।

**दैवतेषु प्रयत्नेन राजसु ब्राह्मणेषु च।**
**नियन्तव्यः सदा क्रोधो वृद्धबालातुरेषु च॥ 29॥**

हिन्दी—राजा को चाहिए कि देवताओं, ब्राह्मणों, राजाओं, बूढ़ों, बच्चों और रोगियों के ऊपर क्रोध को रोके।

**निरर्थं कलहं प्राज्ञो वर्जयेन्मूढसेवितम्।**
**कीर्तिं च लभते लोके न चानर्थेन युज्यते॥ 30॥**

हिन्दी—बुद्धिमान् को चाहिए कि बिना प्रयोजन झगड़े को छोड़ दे।

इससे संसार में यश और दुःख से युक्त नहीं होता है।

**प्रसादो निष्फलो यस्य क्रोधश्चापि निरर्थकः।**
**न तं भर्तारमिच्छन्ति षण्ढं पतिमिव स्त्रियः॥ 31॥**

हिन्दी—जिसकी प्रसन्नता और क्रोध दोनों निरर्थक हैं, उस स्वामी को प्रजाजन नहीं चाहते हैं; जैसे स्त्रियाँ नपुंसक पति को नहीं चाहतीं।

**न बुद्धिर्धनलाभाय न जाड्यमसमृद्धये।**
**लोकपर्यायवृत्तान्तं प्राज्ञो जानाति नेतरः॥ 32॥**

हिन्दी—बुद्धि धनलाभ, मूर्खता और दरिद्रता के लिए नहीं है। यह तो इहलोक और परलोक की व्यवस्था को जानने वाला बुद्धिमान् पुरुष ही जानता है, दूसरा नहीं।

विशेष—इसका अभिप्राय यह है कि दुःख-सुख से मूर्ख और बुद्धिमानों की पहचान नहीं होती। सुख-दुःख पूर्वजन्म के संस्कार से होता है। इस बात को बुद्धिमान् व्यक्ति ही जानता है, मूर्ख नहीं।

**विद्याशीलवयोवृद्धान् बुद्धिवृद्धांश्च भारत।**
**धनाभिजातवृद्धांश्च नित्यं मूढोऽवमन्यते॥ 33॥**

हिन्दी—हे भारत! मूर्ख पुरुष सदा ही विद्या, शील, आयु, बुद्धिमानों में श्रेष्ठ और कुलीन पुरुषों को सदा ही अपमानित करता है।

**अनार्यवृत्तमप्राज्ञमसूयकमधार्मिकम्।**
**अनर्थाः क्षिप्तमायान्ति वाग्दुष्टं क्रोधनं तथा॥ 34॥**

हिन्दी—दुराचारी, मूर्ख, दूसरे की निन्दा करनेवाले, दुष्ट वाणी बोलने वाले और क्रोधी के पास दुःख-दारिद्र्य शीघ्र आ जाते हैं।

विशेष—विदुर ने स्पष्ट निर्देश दिया कि धार्मिक पाण्डवों को दुर्योधन सदा ही अपमानित करता है और अधार्मिक शकुनी आदि के अनुसार व्यवहार करता है। इसलिए इसका विनाश हो जायेगा।

**अभिसंवादनं दानं समयस्याव्यतिक्रमः।**
**आवर्तयन्ति भूतानि सम्यक्प्रणिहिता च वाक्॥ 35॥**

हिन्दी—किसी को धोखा न देना, दान देना, समय पर कार्य करना

तथा शत्रु के लिए अच्छी प्रकार से बोली गयी वाणी के द्वारा विपक्ष को भी अपना बना लेते हैं।

**अविसंवादको दक्षः कृतज्ञो मतिमानृजुः।**
**अपि सङ्क्षीणकोशोऽपि लभते परिवारणम्॥ 36॥**

हिन्दी—झूठ न बोलने वाला, निपुण, कृतज्ञ, बुद्धिमान् तथा सरल स्वभाव का पुरुष धनरहित रहने पर भी पारिवारिक लोगों को प्राप्त कर लेता है।

**धृतिः शमो दमः शौचं कारुण्यं वागनिष्ठुरा।**
**मित्राणां चानभिद्रोहः सप्तैताः समिधः श्रियः॥ 37॥**

हिन्दी—धैर्य, शान्ति, इन्द्रिय-जय, व्यवहार में शुद्धता, करुणा, कोमल वाणी तथा मित्रों से द्रोह नहीं रखना—ये सात बातें लक्ष्मी को बढ़ाने वाले होती हैं।

विशेष—जैसे यज्ञ में अर्थात् समिधा लकड़ी डालने से यज्ञीय अग्नि और बढ़ती है, उसी प्रकार इन बातों के आचरण से धन-सम्पत्ति बढ़ते है।

**असंविभागी दुष्टात्मा कृतघ्नो निरपत्रपः।**
**तादृङ्नराधिपो लोके वर्जनीयो नराधिप॥ 38॥**

हिन्दी—हे राजन्! जो अकेला खाने वाला, दुष्ट हृदयवाला, उपकार को नहीं मानने वाला तथा लज्जा रहित हो; ऐसे राजा को संसार में छोड़ देना चाहिए।

**न च रात्रौ सुखं शेते ससर्प इव वेश्मनि।**
**यः कोपयति निर्दोषं सदोषोऽभ्यन्तरं जनम्॥ 39॥**

हिन्दी—जो स्वयं दोषयुक्त होकर निर्दोष आन्तरिक जनों को क्रोधित करता है, वह सर्प से युक्त घर में सोने के समान है। अर्थात् ससर्प घर में सोना मृत्यु का कारण है, उसी प्रकार स्वजनों को क्रोधित रखना मृत्यु का कारण है।

**येषु दुष्टेषु दोषः स्याद् योगक्षेमस्य भारत।**
**सदा प्रसादनं तेषां देवतानामिवाचरेत्॥ 40॥**

हिन्दी—हे भारत! जिन मनुष्यों के योगक्षेम दोषयुक्त हों, उन्हें सदा

प्रसन्न करने का प्रयास करें, जैसे देवता अपने भक्तों के दोषों को नहीं देखते हुए उनका रक्षण करते हैं। अर्थात् अर्थाभाव के कारण जिसका भरण नहीं हो पा रहा है, उसका भरण करें।

**येऽर्थाः स्त्रीषु समायुक्ताः प्रमत्तपतितेषु च।**
**ये चानार्ये समासक्ताः सर्वे ते संशयं गताः॥ 41॥**

हिन्दी—जो सम्पत्ति स्त्रियों और पागलों के पास चली गयी है तथा जो सम्पत्ति दुष्टों के पास स्थित है, वे सब सन्देहयुक्त हैं।

**यत्र स्त्री यत्र कितवो वालो यत्रानुशासिता।**
**मज्जन्ति तेऽवशा राजन् नद्यामश्मप्लवा इव॥ 42॥**

हिन्दी—जिस देश में स्त्री, जुआरी और बालक या मूर्ख शासन करने वाले होते हैं, वे सब पत्थरों की नौकाओं से पार करने के समान नदी में डूब जाते हैं। अर्थात् जिस प्रकार पत्थर की नौका से नदी पार नहीं की जा सकती, उसी प्रकार स्त्री, जुआरी और बालक या मूर्ख से देश पर शासन नहीं किया जा सकता है।

**प्रयोजनेषु ये सक्ता न विशेषेषु भारत।**
**तानहं पण्डितान् मन्ये विशेषा हि प्रसङ्गिनः॥ 43॥**

हिन्दी—हे धृतराष्ट्र! जो मनुष्य अपने प्रयोजनों की सिद्धि में लगे हुए हैं, विशिष्ट व्यक्तियों में आसक्त नहीं हैं; उन्हें मैं पण्डित मानता हूँ। जो विशेष में लगे हुए हैं, उन्हें मैं मूर्ख मानता हूँ; उनका जीवन केवल संघर्ष करना ही है।

**यं प्रशंसन्ति कितवा यं प्रशंसन्ति चारणाः।**
**यं प्रशंसन्ति बन्धक्यो न स जीवति मानवः॥ 44॥**

हिन्दी—जिस मनुष्य की जुआरी, चाटुकार और वेश्याएँ प्रशंसा करती हैं, वह मनुष्य जीवित नहीं रहता है, शीघ्र ही उसका नाश हो जाता है।

**हित्वा तान् परमेष्वासान् पाण्डवानमितौजसः।**
**आहितं भारतैश्वर्यं त्वया दुर्योधने महत्॥ 45॥**

**तं द्रक्ष्यसि परिभ्रष्टं तस्मात् त्वमचिरादिव।**
**ऐश्वर्यमदसम्मूढं बलिं लोकत्रयादिव॥ 46॥**

हिन्दी—हे भरतकुलोत्पन्न राजन् धृतराष्ट्र! तुमने महाधनुर्धारी एवं महापराक्रमी पाण्डवों का त्याग करके जिस दुर्योधन के अधीन राज्यरूपी महान् ऐश्वर्य को रखा है, उसे तुम शीघ्र ही भ्रष्ट देखोगे। जैसे ऐश्वर्य से मदोन्मत्त बलि तीनों लोकों से अलग हो गया है।

विशेष—राजा बलि की कथा प्रसिद्ध है। बलि विरोचन का पुत्र प्रह्लाद का पौत्र था। प्रह्लाद पर नरसिंह ने महती कृपा की थी। इसी के प्रभाव से बलि महापराक्रमी दानवों का राजा हुआ। अदिति की सन्तान बहुत दुखी हुई। अन्त में अदिति के पुत्र रूप में भगवान् वामन स्वरूप धारण कर बलि की यज्ञभूमि में जाकर बलि को प्रतिज्ञा की डोर में बाँधकर तीन पग पृथ्वी के दान में ही त्रैलोक्य का राज्य ले लिया तथा बलि को पाताललोक में वास दिया। यह कथा भागवतादि पुराणों में बहुत व्यापक रूप में वर्णित है, यहाँ केवल दिग्दर्शन मात्र है।

**॥ षष्ठ अध्याय समाप्त ॥**

# सप्तमोऽध्यायः

**धृतराष्ट्र ने कहा–**

**अनीश्वरोऽयं पुरुषो भवाभवे सूत्रप्रोता दारुमयीव योषा।**
**धात्रा तु दिष्टस्य वशे कृतोऽयं तस्माद् वद त्वं श्रवणे धृतोऽहम्॥ 1॥**

हिन्दी–हे विदुर! व्यक्ति ऐश्वर्य की प्राप्ति और नाश में परतन्त्र है। ब्रह्मा इसे प्रारब्ध के अधीन कर रखा है। इसे तुम कहो, मैं सुनने के लिए तैयार हूँ।

**विदुर ने कहा–**

**अप्राप्तकालं वचनं बृहस्पतिरपि ब्रुवन्।**
**लभते बुद्ध्यवज्ञानमवमानं च भारत॥ 2॥**

हिन्दी–हे भारत! असमय में देवगुरु बृहस्पति भी बोलते हुए बुद्धि हीनता और अपमानित होता है।

**प्रियो भवति दानेन प्रियवादेन चापरः।**
**मन्त्रमूलबलेनान्यो यः प्रियः प्रिय एव सः॥ 3॥**

हिन्दी–हे राजन्! कोई देने से प्रिय होता है; कोई प्रिय वचन बोलने से और विचार के आदान-प्रदान से प्रिय होता है; इसके अतिरिक्त जो प्रिय है वह तो प्रिय ही है।

विशेष–दुर्योधन आदि उक्त गुण के न होने के कारण भी तुम्हें प्रिय लगते हैं। वास्तव में, मोहाभिभूत होने के कारण तुम्हें स्पष्ट दिखाई नहीं दे रहा है।

**द्वेष्यो न साधुर्भवति न मेधावी न पण्डितः।**
**प्रिये शुभानि कार्याणि द्वेष्ये पापानि चैव ह॥ 4॥**

हिन्दी—मनुष्य जिससे द्वेष करता है, वह न श्रेष्ठ, न विद्वान् और न बुद्धिमान् ही प्रतीत होता है। प्रिय व्यक्ति के पापकर्म भी शुभ ही लगते हैं और द्वेषी के सभी कर्म पापमय ही प्रतीत होते हैं।

**उक्तं मया जातमात्रेऽपि राजन् दुर्योधनं त्यज पुत्रं त्वमेकम्।**
**तस्य त्यागात् पुत्रशतस्य वृद्धिरत्यागात् पुत्रशतस्य नाशः॥5॥**

हिन्दी—मैंने दुर्योधन के जन्म लेने पर कहा था कि इस पुत्र को त्याग दो। इसके त्याग से सौ पुत्रों की वृद्धि तथा न त्यागने से सौ पुत्रों का नाश होगा।

विशेष—महात्मा विदुर ने दुर्योधन के जन्म लेने के समय कहा था कि इस पुत्र को त्याग दो, अन्यथा यह सम्पूर्ण वंश का नाश कर देगा। परन्तु पुत्रमोह के कारण धृतराष्ट्र उस समय ऐसा नहीं कर सका। विनाश के कगार पर आये वंश को बचाने के लिए ही विदुर जी स्मरण दिला रहे हैं।

**न वृद्धिर्बहु मन्तव्या या वृद्धिः क्षयमावहेत्।**
**क्षयोऽपि बहु मन्तव्यो यः क्षयो वृद्धिमावहेत्॥6॥**

हिन्दी—जो वृद्धि बाद में नाश का कारण बनती है, उसे अच्छा नहीं मानना चाहिए। उस विनाश को अच्छा मानना चाहिए, जिस नाश से वृद्धि प्राप्त हो।

**न स क्षयो महाराज यः क्षयो वृद्धिमावहेत्।**
**क्षयः स त्विह मन्तव्यो यं लब्ध्वा बहु नाशयेत्॥7॥**

हिन्दी—हे महाराज! इस संसार में वह हानि नहीं है जो वृद्धि को प्राप्त कराती है। नाश तो वह है जिसे प्राप्त कर बहुत नष्ट हो जाये।

**समृद्धा गुणतः केचिद् भवन्ति धनतोऽपरे।**
**धनवृद्धान् गुणैर्हीनान् धृतराष्ट्र विवर्जय॥8॥**

हिन्दी—हे धृतराष्ट्र! कोई गुणों से बड़े होते हैं और दूसरे धन से। गुणों एवं धनों से हीन वृद्धों को छोड़ देना चाहिए।

विशेष—विदुर ने कहा है कि दुर्योधनादि ऐश्वर्य मुक्त होने पर भी गुणों से हीन हैं। इसलिए उन्हें छोड़ देना चाहिए। यदि जन्म के समय नहीं सही, अब भी छोड़ देने में कोई दोष नहीं है।

**धृतराष्ट्र ने कहा–**

**सर्वं त्वमायतोयुक्तं भाषसे प्राज्ञसम्मतम्।**
**न चोत्सहे सुतं त्यक्तुं यतो धर्मस्ततो जयः॥ 9॥**

हिन्दी–तुमने निश्चय ही बुद्धिमानों के सम्मत और भविष्य के लिए हितकारी वचन कहा है, परन्तु मैं अपने पुत्र को छोड़ने में समर्थ नहीं हो पा रहा हूँ, क्योंकि जहाँ धर्म है, वहाँ जय होती है।

**विदुर ने कहा–**

**अतीवगुणसम्पन्नो न जातु विनयान्वितः।**
**सुसूक्ष्ममपि भूतानामुपमर्दमुपेक्षते॥ 10॥**

हिन्दी–जो अधिक गुणों से सम्पन्न और विनय से युक्त है, वह प्राणियों के थोड़े भी नाश की उपेक्षा नहीं करता है। थोड़ी ही उपेक्षा से सम्पूर्ण का विनाश हो जाता है।

**परापवादनिरताः परदुःखोदयेषु च।**
**परस्परविरोधे च यतन्ते सततोत्थिताः॥ 11॥**

**सदोषं दर्शनं येषां संवासे सुमहद् भयम्।**
**अर्थादाने महान् दोषः प्रदाने च महद् भयम्॥ 12॥**

**ये वै भेदनशीलास्तु सकामा निस्त्रपाः शठाः।**

**ये पापा इति विख्याताः संवासे परिगर्हिताः।**
**युक्ताश्चान्यैर्महादोषैर्ये नरास्तान् विवर्जयेत्॥ 13॥**

हिन्दी–दूसरों की निन्दा में तत्पर, दूसरों के दुःखों को उत्पन्न करने में लगे हुए, परस्पर विरोध में सदा प्रयत्नशील और जिनका दर्शन ही दोषयुक्त है, जिनके समीप में रहने में महान् भय है, जिनसे धन लेने में बड़ा दोष और देने में बड़ा भय है, जो परस्पर फूट डालने वाले, निकृष्ट कामना करने वाले, निर्लज्ज, धूर्त और जो पापी के रूप में प्रसिद्ध हैं, जो समीप रहने योग्य नहीं हैं तथा जो अन्य महादोषों से युक्त हैं–ऐसे पुरुषों को छोड़ देना चाहिए।

**निवर्तमाने सौहार्दे प्रीतिर्नीचे प्रणश्यति।**
**या चैव फलनिर्वृत्तिः सौहृदे चैव यत् सुखम्॥ 14॥**

**यतते चापवादाय यत्नमारभते क्षये।**
**अल्पेऽप्यपकृते मोहान्न शान्तिमधिगच्छति॥ 15॥**

**तादृशैः सङ्गतं नीचैर्नृशंसैरकृतात्मभिः।**
**निशम्य निपुणं बुद्ध्या विद्वान् दूराद् विवर्जयेत्॥ 16॥**

हिन्दी—मित्रता के कारण के समाप्त हो जाने पर नीच पुरुष में भी प्रीति और जो फल की प्राप्ति है, वह नष्ट हो जाती है; मित्रता में जो सुख है, वह भी नष्ट हो जाता हैं और जो निन्दा के एवं नाश के लिए यत्न करता है, जो थोड़े से अपकार के हो जाने पर शान्त नहीं होता है, ऐसे नीच कठोर दुष्ट जनों को अच्छी तरह से जानकर उसके साथ संगति दूर से ही विद्वानों को छोड़ देनी चाहिए।

**यो ज्ञातिमनुगह्णाति दरिद्रं दीनमातुरम्।**
**स पुत्रपशुभिर्वृद्धिं श्रेयश्चानन्त्यमश्नुते॥ 17॥**

हिन्दी—जो मनुष्य सम्बन्धियों, दरिद्रों तथा दीन-दुखियों के ऊपर कृपा करता है, वह पुत्र और पशुओं से विकास प्राप्त कर अनन्त सुख प्राप्त करता है।

**ज्ञातयो वर्धनीयास्तैर्य इच्छन्त्यात्मनः शुभम्।**
**कुलवृद्धिं च राजेन्द्र तस्मात् साधु समाचर॥ 18॥**

**श्रेयसा योक्ष्यते राजन् कुर्वाणो ज्ञातिसत्क्रियाम्।**

**विगुणा ह्यपि संरक्ष्या ज्ञातयो भरतर्षभ।**
**किं पुनर्गुणवन्तस्ते त्वत्प्रसादाभिकाङ्क्षिणः॥ 19॥**

हिन्दी—जो मनुष्य अपना कल्याण चाहते हैं, उन्हें अपने कुटुम्बियों का संरक्षण करना चाहिए, इससे कुल की वृद्धि होगी। अतः हे राजन्! अच्छा आचरण करो। अपना कल्याण चाहते हो तो सम्बन्धियों का सत्कार करना चाहिए। गुणरहित सम्बन्धी भी संरक्षणीय हैं, फिर गुणवानों के विषय में क्या कहना, जो तुम्हारी कृपा की आकांक्षा करते हैं?

**प्रसादं कुरु वीराणां पाण्डवानां विशाम्पते।**
**दीयतां ग्रामकाः केचित् तेषां वृत्त्यर्थमीश्वर॥ 20॥**

हिन्दी—हे राजन्! वीर पाण्डवों पर कृपा करो, प्रसन्न हो जाओ, उनको जीविका-निर्वाह के लिए कुछ ग्राम दे दो।

**एवं लोके यशः प्राप्तं भविष्यति नराधिप।**
**वृद्धेन हि त्वया कार्यं पुत्राणां तात शासनम्॥ 21॥**

हिन्दी—हे राजन्! तुम्हें इस प्रकार लोक में यश प्राप्त होगा। तुम्हें वृद्ध होने के नाते पुत्रों पर शासन करना चाहिए। अर्थात् अच्छे मार्ग पर चलना चाहिए।

**मया चापि हितं वाच्यं विद्धि मां त्वद्धितैषिणम्।**

**ज्ञातिभिर्विग्रहस्तात न कर्त्तव्यः शुभार्थिना।**
**सुखानि सह भोज्यानि ज्ञातिभिर्भरतर्षभ॥ 22॥**

हिन्दी—हे ज्येष्ठ भाई! मुझे भी हितकारी वचन कहना चाहिए, मुझे आप अपना हितैषी समझें। कल्याण चाहने वाले सम्बन्धियों के साथ लड़ाई नहीं करना चाहिए। हे राजन्! सुखों को सगे-सम्बन्धियों में बाँटकर भोगना चाहिए।

**सम्भोजनं सकथनं सम्प्रीतिश्च परस्परम्।**
**ज्ञातिभिः सह कार्याणि न विरोधः कदाचन॥ 23॥**

हिन्दी—सगे-सम्बन्धियों के साथ सह-भोजन, सह-वार्तालाप और परस्पर प्रेम करने चाहिए, कभी भी विरोध नहीं करना चाहिए।

**ज्ञातयस्तारयन्तीह ज्ञातयो मज्जयन्ति च।**
**सुवृत्तास्तारयन्तीह दुर्वृत्ता मज्जयन्ति च॥ 24॥**

हिन्दी—इस संसार में सगे-सम्बन्धी लोग पार लगा देते हैं और सगे-सम्बन्धी लोग ही डुबो देते हैं। इस संसार में अच्छे आचरणवाले पार लगा देते हैं और दुष्ट आचरणवाले डुबो देते हैं।

**सुवृत्तो भव राजेन्द्र पाण्डवान् प्रति मानद।**
**अधर्षणीयः शत्रूणां तैर्वृतस्त्वं भविष्यसि॥ 25॥**

हिन्दी—हे मानयोग्य धृतराष्ट्र! तुम पाण्डवों के प्रति अच्छे व्यवहार करने वाले बनो। पाण्डवों के द्वारा स्वीकार करने पर तुम शत्रुओं के लिए अपराजेय हो जाओगे।

**श्रीमन्तं ज्ञातिमासाद्य यो ज्ञातिरवसीदति।**
**दिग्धहस्तं मृग इव स एनस्तस्य विन्दति॥ 26॥**

हिन्दी—जिस प्रकार विषाक्त बाण हाथ में धारण करने वाले के द्वारा मृग मारा जाता है और पाप व्याध को लगता है, उसी प्रकार आपको सम्बन्धी प्राप्त करने के बाद यदि जो सम्बन्धी दुखी होता है, उसका पाप आपको लगेगा।

विशेष—महात्मा विदुर ने स्पष्ट रूप से कहा है कि वृद्धों को सभी सगे-सम्बन्धियों का ध्यान रखना चाहिए। ऐश्वर्य का उपभोग मिलकर करना चाहिए, यथाभाग सबको मिलना चाहिए। जो अकेले उपभोग करता है, वह पापों का भोग करता है। ऋग्वेद में कहा गया है—'केवलाघो भवति केवलादी'। गीता में भी कहा गया है—

**'भुञ्जन्ते ते त्वघं पापा ये पचन्त्यात्मकारणात्'॥**

हिन्दी—अर्थात् जो केवल अपने लिए पकाते हैं, वे पापों को खाते हैं।

**पश्चादपि नरश्रेष्ठ तव तापो भविष्यति।**
**तान् वा हतान् सुतान् वापि श्रुत्वा तदनुचिन्तय॥ 27॥**

हिन्दी—हे नरश्रेष्ठ! उन पाण्डवों को अथवा अपने पुत्रों को मरा हुआ सुनकर तुम्हें सन्ताप होगा, अतः उस पर विचार करो।

**येन खट्वां समारूढः परितप्येत कर्मणा।**
**आदावेव न तत् कुर्यादध्रुवे जीविते सति॥ 28॥**

हिन्दी—जिस कर्म को करके चारपाई पर बैठकर सन्ताप करना पड़े, उसे पहले ही नहीं करना चाहिए। अर्थात् जिस कर्म से लोकनिन्दा और स्वयं सन्ताप हो, उसे पहले ही नहीं करना चाहिए।

**न कश्चिन्नापनयते पुमानन्यत्र भार्गवात्।**
**शेषसम्प्रतिपत्तिस्तु बुद्धिमत्स्वेव तिष्ठति॥ 29॥**

हिन्दी—संसार में नीतिशास्त्र के आचार्य शुक्राचार्य के अतिरिक्त कोई ऐसा पुरुष नहीं है, जो अनीति का आचरण करे। विद्वानों को भविष्य में होने वाले कार्यों के विषय में विचार करना चाहिए।

विशेष—शुक्राचार्य दैत्यगुरु के रूप में प्रसिद्ध हैं, लेकिन उन्होंने देवताओं के विरुद्ध दानवों को सदा संरक्षण दिया तथा पक्ष लिया। पुराणों में कश्यप की दो पत्नियाँ थीं—दिति और अदिति। दिति के पुत्र दैत्य या दानव कहलाये और अदिति के पुत्र आदित्य देवता कहलाये। दैत्यों ने सदा अत्याचार किया, अन्याय किया, लेकिन दैत्यगुरु होने के कारण शुक्राचार्य ने उन्हीं का साथ दिया। परन्तु उनके द्वारा रचित शुक्रनीति अत्यन्त महत्त्वपूर्ण नीतिशास्त्र का ग्रन्थ है। ये भृगु के पुत्र थे। इसलिए भार्गव कहलाये।

**दुर्योधनेन यद्येतत् पापं तेषु पुरा कृतम्।**
**त्वया तत् कुलवृद्धेन प्रत्यानेयं नरेश्वर॥30॥**

हिन्दी—हे राजन्! यदि दुर्योधन ने पाण्डवों के प्रति पापकर्म किया है तो कुलवृद्ध तुम्हारे द्वारा इसका निवारण करना चाहिए। अर्थात् यदि दुर्योधन ने पाण्डवों का राज्य ले लिया है तो आपके द्वारा वापस दिलवाना चाहिए।

**तांस्त्वं पदे प्रतिष्ठाप्य लोके विगतकल्मषः।**
**भविष्यसि नरश्रेष्ठ पूजनीयो मनीषिणाम्॥31॥**

हिन्दी—हे नरश्रेष्ठ! तुम पाण्डवों को उनके राज्य पर स्थिर करके स्वयं पापरहित होकर लोक में विद्वानों के द्वारा पूजनीय होओगे।

**सुव्याहृतानि धीराणां फलतः परिचिन्त्य यः।**
**अध्यवस्यति कार्येषु चिरं यशसि तिष्ठति॥32॥**

हिन्दी—जो मनुष्य विद्वान् पुरुषों के द्वारा कहे गये अच्छे वचनों को फल की दृष्टि से विचार करके कार्य करता है, वह बहुत काल तक यश का भागी होता है।

**असम्यगुपयुक्तं हि ज्ञानं सुकुशलैरपि।**
**उपलभ्यं चाविदितं विदितं चाननुष्ठितम्॥33॥**

हिन्दी—कुशल लोगों के द्वारा दिया गया ज्ञान व्यर्थ है, यदि उसके कर्तव्य का ज्ञान प्राप्त नहीं होता अथवा ज्ञान प्राप्त होने पर भी उसको व्यवहार में नहीं लाया जाता।

**पापोदयफलं विद्वान् यो नारभति वर्धते॥34॥**

**यस्तु पूर्वकृत पापमविमृश्यानुवर्तते।**
**अगाधपङ्के दुर्मेधा विषमे विनिपात्यते॥ 35॥**

हिन्दी—जो विद्वान् पापरूप फल देने वाले कर्मों को आरम्भ नहीं करता, वह वृद्धि प्राप्त करता है और जो पूर्व में किये गये पापों का विचार न करके उसी का अनुसरण करता है, वह दुष्ट बुद्धिवाला मूर्ख अथाह कीचड़ से भरे हुए विषम कष्ट में गिरा दिया जाता है।

**मन्त्रभेदस्य षट् प्राज्ञो द्वाराणीमानि लक्षयेत्।**
**अर्थसन्ततिकामश्च रक्षेदेतानि नित्यशः॥ 36॥**

**मदं स्वप्नमविज्ञानमाकारं चात्मसम्भवम्।**
**दुष्टामात्येषु विश्रम्भं दूताच्चाकुशलादपि॥ 37॥**

हिन्दी—बुद्धिमान् मनुष्य मन्त्रभेद के इन छह द्वारों को जाने और धन-सम्मान को सुरक्षित रखने की इच्छा से इन सभी की रक्षा करे। मद्यपान, निद्रा, आवश्यक बातों की जानकारी न रखना, अपने नेत्र, मुख आदि का विकार, दुष्ट आत्माओं पर विश्वास और मूर्ख दूत पर भी भरोसा रखना।

**द्वाराण्येतानि यो ज्ञात्वा संवृणोति सदा नृप।**
**त्रिवर्गाचरणे युक्तः स शत्रूनधितिष्ठति॥ 38॥**

हिन्दी—हे राजन्! इन छह द्वारों को जानकर जो मनुष्य सदा छिपा लेता है, धर्म, अर्थ, काम के आचरण में संलग्न वह मनुष्य शत्रुओं को वश में कर लेता है।

**न वै श्रुतमविज्ञाय वृद्धाननुपसेव्य वा।**
**धर्मार्थौ वेदितुं शक्यौ बृहस्पतिसमैरपि॥ 39॥**

हिन्दी—शास्त्र और ज्ञानवृद्धों से सुने व जाने बिना बृहस्पति के समान व्यक्ति भी धर्मार्थ को जानने में असमर्थ है, अर्थात् शास्त्रों को पढ़े बिना और वृद्धों से जाने बिना कोई मनुष्य धर्मार्थ का ज्ञान नहीं कर सकता।

**नष्टं समुद्रे पतितं नष्टं वाक्यमशृण्वति।**
**अनात्मनि श्रुतं नष्टं नष्टं हुतमनग्निकम्॥ 40॥**

हिन्दी—समुद्र में गिरी हुई वस्तु नष्ट हो जाती है, सावधानीपूर्वक न

सुनने वाले के प्रति कहा गया वाक्य नष्ट हो जाता है, बुद्धिहीन पुरुषों में शास्त्र नष्ट हो जाता है और आग के बिना किया गया हवन नष्ट हो जाता है।

**मत्या परीक्ष्य मेधावी बुद्ध्या सम्पाद्य चासकृत्।**
**श्रुत्वा दृष्ट्वाथ विज्ञाय प्राज्ञैर्मैत्रीं समाचरेत्॥ 41॥**

हिन्दी—विद्वान् युक्तिपूर्वक बुद्धि से परीक्षण करके, अनेक बार बुद्धि से व्यवहार करके, सुनकर, देखकर और जानकर विद्वानों के साथ मैत्री का व्यवहार करे।

**अकीर्तिं विनयो हन्ति हन्त्यनर्थं पराक्रमः।**
**हन्ति नित्यं क्षमा क्रोधमाचारो हन्त्यलक्षणम्॥ 42॥**

हिन्दी—विनय अपयश को नष्ट कर देता है, पराक्रम अनर्थ को नष्ट करता है, क्षमा क्रोध को दूर भगा देती है और सदाचार दुर्व्यसनों को नष्ट कर देता है।

**परिच्छदेन क्षेत्रेण वेश्मना परिचर्यया।**
**परीक्षेत कुलं राजन् भोजनाच्छादनेन च॥ 43॥**

हिन्दी—हे राजन्! भोग्य-सामग्री, जन्मस्थान, आवास, सेवा और भोजन तथा वस्त्र से कुल की परीक्षा करें।

**उपस्थितस्य कामस्य प्रतिवादो न विद्यते।**
**अपि निर्मुक्तदेहस्य कामसक्तस्य किं पुनः॥ 44॥**

हिन्दी—शरीर से अभिमान से रहित मनुष्य को भी स्वतः प्राप्त किसी अभीष्ट वस्तु का विरोध नहीं होता है, फिर कामासक्त मनुष्य का तो कहना ही क्या?

**प्राज्ञोपसेविनो वैद्यं धार्मिकं प्रियदर्शनम्।**
**मित्रवन्तं सुवाक्यं च सुहृदं परिपालयेत्॥ 45॥**

हिन्दी—विद्वानों के सेवक, विद्वान्, धार्मिक, दर्शन मात्र से प्रसन्न करने वाले, मित्रों से युक्त तथा मधुरभाषी मित्र की सर्वथा रक्षा करनी चाहिए।

**दुष्कुलीनः कुलीनो वा मर्यादां यो न लङ्घयेत्।**
**धर्मापेक्षी मृदुर्ह्रीमान् स कुलीनशतात् वरः॥ 46॥**

हिन्दी–जिस व्यक्ति ने उत्तम कुल में जन्म लिया हो या अधम कुल में, सीमा को पार नहीं किया है, वह धार्मिक लज्जाशील व्यक्ति सैकड़ों कुलीनों से श्रेष्ठ है।

**ययोश्चित्तेन वा चित्तं निभृतं निभृतेन वा।**
**समेति प्रज्ञया प्रज्ञा तयोर्मैत्री न जीर्यति॥ 47॥**

हिन्दी–जिन दो मनुष्यों के चित्त के साथ चित्त अथवा गुप्त रहस्यों के साथ गुप्त रहस्य अथवा बुद्धि के साथ बुद्धि मिल जाती है, उनकी मित्रता कभी समाप्त नहीं होती है।

**दुर्बुद्धिमकृतप्रज्ञं छन्नं कूपं तृणैरिव।**
**विवर्जयति मेधावी तस्मिन् मैत्री प्रणश्यति॥ 48॥**

हिन्दी–बुद्धिमान् मनुष्य विपरीत बुद्धिवाले विवेकशून्य मनुष्य का साथ घासों से ढके हुए कुएँ के समान छोड़ देता है। उसके साथ की हुई मित्रता नष्ट हो जाती है।

**अवलिप्तेषु मूर्खेषु रौद्रसाहसिकेषु च।**
**अथैवापेतधर्मेषु न मैत्रीमाचरेत् बुधः॥ 49॥**

हिन्दी–विद्वान् को चाहिए कि वह अभिमानी मूर्ख, क्रोधी, साहसी और अधार्मिकों के साथ मित्रता न करे।

**कृतज्ञं धार्मिकं सत्यमक्षुद्रं दृढभक्तिकम्।**
**जितेन्द्रियं स्थितं स्थित्यां मित्रमत्यागि चेष्यते॥ 50॥**

हिन्दी–उपकार को मानने वाला, धार्मिक, सत्यवादी, उदार, स्थिर भक्तिवाला, संयमी, मर्यादा में स्थित तथा मित्रता का त्याग नहीं करने वाला इष्ट होता है।

**इन्द्रियाणामनुत्सर्गो मृत्युनापि विशिष्यते।**
**अत्यर्थं पुनरुत्सर्गः सादयेद् दैवतानपि॥ 51॥**

हिन्दी–इन्द्रियों की विषयों से निवृत्ति मृत्यु से भी अधिक कठिन है। विषयों में अधिक प्रवृत्ति तो देवताओं को भी नष्ट कर सकती है।

**मार्दवं सर्वभूतानामनसूया क्षमा धृतिः।**
**आयुष्याणि बुधाः प्राहुर्मित्राणां चावमानना॥ 52॥**

हिन्दी—सभी प्राणियों के प्रति कोमल व्यवहार, गुणों में दोष न देखना, सहनशीलता, धैर्य और मित्रों का अपमान न करना—ये गुण आयु को बढ़ाने वाले हैं—ऐसा विद्वान् लोग कहते हैं।

**अपनीतं सुनीतेन योऽर्थं प्रत्यानिनीषते।**
**मतिमास्थाय सुदृढां तदकापुरुषव्रतम्॥ 53॥**

हिन्दी—जो मनुष्य अन्याय से नष्ट हुए धन को स्थिर बुद्धि का सहारा लेकर श्रेष्ठ नीति से पुनः प्राप्त करने की इच्छा करता है, वह वीरों का आचरण करता है।

**आयत्यां प्रतिकारज्ञस्तदात्वे दृढनिश्चयः।**
**अतीते कार्यशेषज्ञो नरोऽर्थैर्न प्रहीयते॥ 54॥**

हिन्दी—आगामी काल में दुःखों के प्रतिकार को जानने वाला, वर्तमान काल में निश्चयवाला और भूतकाल में अवशिष्ट कार्य को जानने वाला मनुष्य धन से रहित नहीं होता है।

**कर्मणा मनसा वाचा यदभीक्ष्णं निषेवते।**
**तदेवापहरत्येनं तस्मात् कल्याणमाचरेत्॥ 55॥**

हिन्दी—मनुष्य मन वाणी तथा कर्म से जिस विषय का पुनः-पुनः सेवन करता है, वही उसको अपनी ओर खींच लेता है। इसलिए मनुष्य शुभ कार्य ही करे।

**मङ्गलालम्भनं योगः श्रुतमुत्थानमार्जवम्।**
**भूतिमेतानि कुर्वन्ति सतां चाभीक्ष्णदर्शनम्॥ 56॥**

हिन्दी—मंगलकारी वस्तुओं का स्पर्श, चित्तवृत्तियों का निरोध, शास्त्रश्रवण, उद्योग, सरलता और सत्यपुरुषों का पुनः-पुनः दर्शन—ये कल्याण करते हैं, अर्थात् सुखकारी होते हैं।

विशेष—रत्नों एवं सुवर्ण धारण करने से कल्याण होता है और आयु की वृद्धि होती है। प्राचीन काल से ही रत्न धारण करने की परम्परा सर्वत्र देखी जाती है। नीतिकार ने इसी ओर संकेत किया है।

**अनिर्वेदः श्रियो मूलं लाभस्य च शुभस्य च।**
**महान् भवत्यनिर्विण्णः सुखं चानन्त्यमश्नुते॥ 57॥**

हिन्दी—कर्म से निवृत्ति नहीं होना एवं सदा प्रसन्न रहना सुख और लाभ का मूल है। महान् लोग कभी दुखी नहीं होते और अनन्त सुख भोगते हैं।

**नातः श्रीमत्तरं किञ्चिदन्यत् पथ्यतमं मतम्।**
**प्रभविष्णोर्यथा तात क्षमा सर्वत्र सर्वदा॥ 58॥**

हिन्दी—हे भाई! जैसा कि इससे अधिक विभूतियुक्त तथा अत्यन्त कल्याणकारी अन्य कोई उपाय नहीं माना गया है, समर्थ मनुष्य के लिए सभी स्थानों और सभी कालों में क्षमा का आचरण करना।

**क्षमेदशक्तः सर्वस्य शक्तिमान् धर्मकारणात्।**
**अर्थानर्थौ समौ यस्य तस्य नित्यं क्षमा हिता॥ 59॥**

हिन्दी—शक्तिहीन मनुष्य सबको क्षमा करे, इसके अतिरिक्त और रास्ता ही नहीं। शक्तिशाली मनुष्य को धर्म का विचार कर क्षमा करना चाहिए। जिसके लिए अच्छा और बुरा दोनों बराबर है, उसके लिए क्षमा सदा हितकारी होती है।

**यत् सुखं सेवामानोऽपि धर्मार्थाभ्यां न हीयते।**
**कामं तदुपसेवेत न मूढव्रतमाचरेत्॥ 60॥**

हिन्दी—जिस सुख को भोगता हुआ मनुष्य धर्म-अर्थ से अलग नहीं होता है, उसका इच्छानुसार उपभोग करे, परन्तु विषयों में आसक्ति न हो।

**दुःखार्त्तेषु प्रमत्तेषु नास्तिकेष्वलसेषु च।**
**न श्रीर्वसत्यदान्तेषु ये चोत्साहविवर्जिताः॥ 61॥**

हिन्दी—दुःख से पीड़ित, प्रमादी, नास्तिक, आलसी, असंयमी, उत्साहहीन जनों में लक्ष्मी नहीं रहती है। इन अवगुणों के रहते हुए लक्ष्मी वहाँ नहीं रह सकती है। वहाँ से छोड़कर वह दूसरी जगह चली जाती है।

**आर्जवेन नरं युक्तमार्जवाद् सव्यपत्रपम्।**
**अशक्तं मन्यमानास्ते धर्षयन्ति कुबुद्धयः॥ 62॥**

हिन्दी—दुष्ट बुद्धिवाले मनुष्य सरलता से युक्त तथा सरलता के कारण ही लज्जाशील मनुष्य को दुर्बल समझकर उनका तिरस्कार करते हैं।

**अत्यार्यमतिदातारमतिशूरमतिव्रतम्।**
**प्रज्ञाभिमानिनं चैव श्रीर्भयान्नोपसर्पति॥ 63॥**

हिन्दी–अतिश्रेष्ठ, अत्यन्त दानशील, अत्यधिक वीर, अत्यधिक व्रतों का पालन करने वाले और बुद्धि का अभिमान करने वाले के पास लक्ष्मी भय के कारण नहीं जाती है।

**न चातिगुणवत्स्वेषा नात्यन्तं निर्गुणेषु च।**

**नेषा गुणान् कामयते नैर्गुण्यान्नानुरज्यते।**
**उन्मत्ता गौरिवान्धा श्रीः क्वचिदेवावतिष्ठते॥ 64॥**

हिन्दी–लक्ष्मी न तो अत्यन्त गुणवानों के पास रहती है और न सर्वथा गुणरहित मनुष्यों के पास, न तो गुणों को चाहती है और न गुणहीनों से अनुराग करती है; उन्मत्त गौ के समान यह अन्धी लक्ष्मी कहीं-कहीं ही रहती है।

**अग्निहोत्रफला वेदाः शीलवृत्तफलं श्रुतम्।**
**रतिपुत्रफला नारी दत्तभुक्तफलं धनम्॥ 65॥**

हिन्दी–वेद का प्रयोजन हवन, बलि-वैश्वदेव इत्यदि है। शास्त्र के शील, सदाचार फल हैं। नारी सुख और पुत्र फलवाली है। धन का उपभोग और दान फल है।

**अधर्मोपार्जितैरर्थैर्यः करोत्यौर्ध्वदेहिकम्।**
**न स तस्य फलं प्रेत्य भुङ्क्तेऽर्थस्य दुरागमात्॥ 66॥**

हिन्दी–जो मनुष्य अधर्म के द्वारा उपार्जित धन से श्राद्ध कर्म करता है, यह धन दूषित मार्ग से आने के कारण उसका फल प्राप्त करके नहीं भोगता है।

**कान्तारे वनदुर्गेषु कृच्छ्रास्वापत्सु सम्भ्रमे।**
**उद्यतेषु च शस्त्रेषु नास्ति सत्त्ववतां भयम्॥ 67॥**

हिन्दी–वन में, वन के दुर्गम स्थानों में, कठिन विपत्ति के समय तथा युद्धादि की हलचल के समय मरने-मारने के लिए शस्त्र उठ जाने पर मनोबलयुक्त मनुष्य को भय नहीं होता है।

**उत्थानं संयमो द्राक्ष्यमप्रमादो धृतिः स्मृतिः।**
**समीक्ष्य च समारम्भो विद्धि मूलं भवस्य तु॥ 68॥**

हिन्दी—उद्योग, संयम, निपुणता, सावधानी, धैर्य, स्मरणशक्ति और विचार कर कार्यों को प्रारम्भ करना—इन्हें सम्पन्नता और उन्नति का मूल समझो।

**तपोबलं तापसानां ब्रह्म ब्रह्मविदां बलम्।**
**हिंसा बलमसाधूनां क्षमा गुणवतां बलम्॥ 69॥**

हिन्दी—तपस्वियों का बल तपस्या है, ब्रह्म जानने वालों का ब्रह्म, दुर्जनों का हिंसा और गुणवानों का बल क्षमा है।

**अष्टौ तान्यव्रतघ्नानि आपो मूलं फलं पयः।**
**हविर्ब्राह्मणकाम्या च गुरोर्वचनमौषधम्॥ 70॥**

हिन्दी—जल, मूल, फल, दूध, घी, ब्राह्मण की कामना, गुरु का वचन और ओषधि—इनके कारण आठ व्रत भंग नहीं होते।

**न तत् परस्य सन्दध्यात् प्रतिकूलं यदात्मनः।**
**सङ्ग्रहेणैष धर्मः स्यात् कामादन्यः प्रवर्तते॥ 71॥**

हिन्दी—जो आत्मा के प्रतिकूल हो, उसे दूसरे के लिए न करें, संक्षेप में यही धर्म है। कामनाओं से अधर्म होता है।

**अक्रोधेन जयेत् क्रोधमसाधुं साधुना जयेत्।**
**जयेत् कदर्यं दानेन जयेत् सत्येन चानृतम्॥ 72॥**

हिन्दी—क्रोध को प्रेम से, दुर्जन को सज्जनता से, कृपण को दान से और झूठ को सत्य के द्वारा जीतना चाहिए।

**स्त्रीधूर्त्तकेऽलसे भीरौ चण्डे पुरुषमानिनि।**
**चौरे कृतघ्ने विश्वासो न कार्यो न च नास्तिके॥ 73॥**

हिन्दी—स्त्री, धूर्त, आलसी, डरपोक, क्रोधी, पुरुषत्व के अभिमानी, चोर, उपकार को न मानने वाले और नास्तिक पर विश्वास नहीं करना चाहिए।

**अभिवादनशीलस्य नित्यं वृद्धोपसेविनः।**
**चत्वारि सम्प्रवर्धन्ते आयुर्विद्या यशो बलम्॥ 74॥**

हिन्दी—गुरुजनों का आदर करने वाले, श्रेष्ठों की सेवा करने वाले मनुष्य के आयु, विद्या, यश और बल—ये चारों की वृद्धि होती है।

**अतिक्लेशेन येऽर्थाः स्युर्धर्मस्यातिक्रमेण वा।**
**अरेर्वा प्रणिपातेन मा स्म तेषु मनः कृथाः॥ 75॥**

हिन्दी—जो धन अत्यन्त कष्ट से, धर्म के उल्लंघन से तथा शत्रुओं के सामने झुकने से प्राप्त हो, उसमें मन को कभी नहीं लगायें।

**अविद्यः पुरुषः शोच्यः शोच्यं मैथुनमप्रजम्।**
**निराहाराः प्रजाः शोच्याः शोच्यं राष्ट्रमराजकम्॥ 76॥**

हिन्दी—विद्या से विहीन मनुष्य शोचनीय है, सन्तान के बिना मैथुन शोचनीय है, भोजन के बिना प्रजा शोचनीय है और राजा के बिना राष्ट्र शोचनीय है।

**अध्वा जरा देहवतां पर्वतानां जलं जरा।**
**असम्भोगो जरा स्त्रीणां वाक्शल्यं मनसो जरा॥ 77॥**

हिन्दी—अधिक चलना मनुष्यों की आयु को कम करता है, जल पर्वतों [illegible] कर देता है, इच्छा रहते मैथुन न करना स्त्रियों की आयु कम करती है और कटु वचन मन को कष्ट देता है।

**अनाम्नायमला वेदा ब्राह्मणस्याव्रतं मलम्।**

**मलं पृथिव्या बाह्लीकाः पुरुषस्यानृतं मलम्।**
**कौतूहलमलाः साध्वी विप्रवासमलाः स्त्रियः॥ 78॥**

हिन्दी—वेदों का अभ्यास न करना मल है, व्रतों का पालन न करना ब्राह्मणों का मल है, पृथ्वी का मल बाह्लीक देश है, पुरुषों का झूठ बोलना मल है, पतिव्रता स्त्री के लिए हास-परिहास करना मल है और स्त्रियों का परदेश में रहना मल है।

**सुवर्णस्य मलं रूप्यं रूप्यस्यापि मलं त्रपु।**
**ज्ञेयं त्रपुमलं सीसं सीसस्यापि मलं मलम्॥ 79॥**

हिन्दी—सोने का मल चाँदी है और चाँदी का मल राँगा है। सीसा राँगा का मल है और सीसे का मल उसका मल है।

**न स्वप्नेन जयेन्निद्रां न कामेन जयेत् स्त्रियः।**
**नेन्धनेन जयेदग्निं न पानेन सुरां जयेत्॥ 80॥**

हिन्दी—सोने से निद्रा वश में नहीं हो सकती है, कामोपभोग से स्त्रियों को वश में नहीं किया जा सकता, आग को लकड़ी के द्वारा नहीं बुझाया जा सकता और मदिरापान से उसके व्यसन को नहीं बचाया जा सकता। इसे अधीन करने के लिए संयम करना उचित है, प्रवृत्ति नहीं।

**यस्य दानजितं मित्रं शत्रवो युधि निर्जिताः।**
**अन्नपानजिता दाराः सफलं तस्य जीवितम्॥ 81॥**

हिन्दी—जिसने दान के द्वारा मित्र को जीत लिया है, युद्ध के द्वारा शत्रु को जीत लिया है, अन्नपान के द्वारा स्त्री को वश में कर लिया है, उसका जीवन सफल है।

**सहस्रिणोऽपि जीवन्ति जीवन्ति शतिनस्तथा।**
**धृतराष्ट्र विमुञ्चेच्छां न कथञ्चिन्न जीव्यते॥ 82॥**

हिन्दी—हज़ार रुपयेवाले भी जीते हैं और सौ रुपयेवाले भी जीते हैं, लेकिन हे धृतराष्ट्र! इच्छा को छोड़े बिना व्यक्ति किसी प्रकार नहीं जी सकता है।

**यत् पृथिव्यां व्रीहियवं हिरण्यं पशवः स्त्रियः।**
**नालमेकस्य तत् सर्वमिति पश्यन्न मुह्यति॥ 83॥**

हिन्दी—पृथ्वी पर जितने धान, जौ, सोना, पशु, स्त्रियाँ हैं, वह सभी एक के लिए भी पर्याप्त नहीं हैं, इस प्रकार देखता हुआ भी मोह को प्राप्त नहीं होता है।

**राजन् भूयो ब्रवीमि त्वां पुत्रेषु सममाचर।**
**समता यदि ते राजन् स्वेषु पाण्डुसुतेषु च॥ 84॥**

हिन्दी—हे राजन्! मैं आपसे पुनः कहता हूँ कि आप में पाण्डुपुत्र युधिष्ठिरादि तथा अपने पुत्र दुर्योधनादि के ऊपर समता का भाव है तो उनके साथ समता का व्यवहार करो।

**॥ सप्तम अध्याय समाप्त ॥**

# अष्टमोध्यायः

**योऽभ्यर्चितः सद्भिरसज्जमानः करोत्यर्थं शक्तिमहापयित्वा।**
**क्षिप्रं यशस्तं समुपैति सन्तमलं प्रसन्ना हि सुखाय सन्तः॥ 1॥**

हिन्दी—जो सज्जनों के द्वारा प्रशंसित होकर अनासक्त भाव से शक्ति का उल्लंघन न करके यथाशक्ति कार्य करता है, वह श्रेष्ठ मनुष्य शीघ्र यश को प्राप्त करता है। क्योंकि प्रसन्न हुए सज्जन निश्चय ही कल्याण करने में समर्थ होते हैं।

**महान्तमप्यर्थमधर्मयुक्तं यः सन्त्यजत्यनपाकृष्ट एव।**
**सुखं सुदुःखान्यवमुच्य शेते जीर्णां त्वचं सर्प इवावमुच्य॥ 2॥**

हिन्दी—जो मनुष्य अधर्मयुक्त धन को उसकी ओर आकृष्ट हुए बिना छोड़ देता है, वह कष्टों से छूटकर सुख प्राप्त करता है; जैसे सर्प केचुल को छोड़कर सुख प्राप्त करता है।

**अनृते च समुत्कर्षो राजगामि च पैशुनम्।**
**गुरोश्चालीकनिर्बन्धः समानि ब्रह्महत्यया॥ 3॥**

हिन्दी—असत्य व्यवहार से उन्नति, राज्य के विषय में निन्दा और बड़ों से झूठा व्यवहार करना—ये ब्रह्महत्या के समान है।

**असूयैकपदं मृत्युरतिवादः श्रियो वधः।**
**अशुश्रूषा त्वरा श्लाघा विद्यायाः शत्रवस्त्रयः॥ 4॥**

हिन्दी—दूसरे के गुणों में दोष देखना अपनी मृत्यु के समान है। आत्मप्रशंसा धन की हानि करता है। सेवा न करना, शीघ्रता एवं आत्मप्रशंसा—ये तीन विद्या के शत्रु हैं। काम करने वाले को विद्या प्राप्त नहीं होती है।

**आलस्यं मदमोहौ च चापलं गोष्ठिरेव च।**

**स्तब्धता चाभिमानित्वं तथा त्यागित्वमेव च।**

**एते वै सप्त दोषाः स्युः सदा विद्यार्थिनां मताः॥ 5॥**

हिन्दी–आलसी होना, मद्यपान और मोह करना, चंचलता रखना, सभा में व्यर्थ बातें करना, समय बिताना, उद्धतता दिखाना, जड़ता और लालची होना–ये सात दोष विद्यार्थियों के लिए माने गये हैं। इन सात दोषों के कारण विद्यार्थी विद्या प्राप्त नहीं कर सकता है।

**सुखार्थिनः कुतो विद्या नास्ति विद्यार्थिनः सुखम्।**

**सुखार्थी वा त्यजेत् विद्यां विद्यार्थी वा त्यजेत् सुखम्॥ 6॥**

हिन्दी–सुख चाहने वाले को विद्या कहाँ मिलती है और विद्यार्थी को सुख कहाँ मिलता है? सुखार्थी विद्या को छोड़ देता है और विद्यार्थी सुख को छोड़ देता है।

**नाग्निस्तृप्यति काष्ठानां नापगानां महोदधिः।**

**नान्तकः सर्वभूतानां न पुंसां वामलोचना॥ 7॥**

हिन्दी–लकड़ियों से आग तृप्त नहीं होती, नदियों के जल से समुद्र तृप्त नहीं होता, प्राणियों के मारने से यमराज तृप्त नहीं होता है और स्त्रियाँ पुरुषों से तृप्त नहीं होती हैं।

**आशा धृतिं हन्ति समृद्धिमन्तकः क्रोधः श्रियं हन्ति यशः कदर्यता।**

**अपालनं हन्ति पशूंश्च राजन्नेकः क्रुद्धो ब्राह्मणो हन्ति राष्ट्रम्॥ 7॥**

हिन्दी–हे धृतराष्ट्र! आशा धैर्य को नष्ट करती है, यमराज ऐश्वर्य को, क्रोध धन को नष्ट करता है, कायरता यश को, पशुओं की देखभाल न करने से नष्ट हो जाते हैं तथा अकेला क्रुद्ध ब्राह्मण सम्पूर्ण राज्य को नष्ट कर देता है।

विशेष–इस श्लोक का अन्तिम चरण बहुत महत्त्वपूर्ण है। इतिहास साक्षी है कि एक ही परशुराम ने इक्कीस बार दुराचारी राजाओं का संहार कर दिया। अकेले क्रुद्ध चाणक्य ने नन्द वंश का नाश कर मौर्य वंश की स्थापना की और चन्द्रगुप्त मौर्य को राजा बनाया। ब्रह्मवर्चस्वसम्पन्न वसिष्ठ ने सम्पूर्ण सेनाओं तथा विश्वामित्र के सभी दिव्यास्त्रों का उपसंहार

कर दिया। सभी कुरुवीरों के सामने भारद्वाज के पुत्र आचार्य द्रोण ने अपना महत्त्व स्थापित किया। ये सब अकेले का ही अपूर्व उदाहरण है। इसलिए ब्राह्मण राष्ट्र के उन्नायक और क्रुद्ध होने पर राष्ट्र-विध्वंसक भी हो सकते हैं।

**अजाश्च कांस्यं रजतं च नित्यं मध्वाकर्षः शकुनिः श्रोत्रियश्च।**
**वृद्धो ज्ञातिरवसन्नः कुलीन एतानि ते सन्तु गृहे सदैव॥ 9॥**

हिन्दी—हे राजन्! आपके घर में बकरियाँ, काँसे के बर्तन, चाँदी के पात्र, शहद, विष पहचानने वाला पक्षी, वेदविद् ब्राह्मण, कुलवृद्ध तथा दुखी कुलीन पुरुष सदा रहें।

विशेष—ये सब घर में रहने चाहिए, इससे किसी का भी कल्याण होता है। वेदविद् ब्राह्मण अधर्म से हटाकर धर्म में प्रवृत्ति कराता है। कुलवृद्ध का अनुशासन स्वीकार होता है, कुलीन दुखी लोग अपने आश्रयदाता का हितचिन्तन करते हैं। इसलिए इन सभी के रहने से किसी का भी कल्याण होता है।

**अजोक्षा चन्दनं वीणा आदर्शो मधुसर्पिषी।**
**विषमौदुम्बरं शङ्खः स्वर्णनाभोऽथ रोचना॥ 10॥**

**गृहे स्थापयितव्यानि धन्यानि मनुरब्रवीत्।**
**देव ब्राह्मणपूजार्थमतिथीनां च भारत॥ 11॥**

हिन्दी—हे भरतकुलोत्पन्न धृतराष्ट्र! मनु ने कहा है कि देव, ब्राह्मण और अतिथियों की पूजा के लिए अजा, साँड, चन्दन, वीणा, दर्पण, शहद, घी, विष, ताम्रपात्र, शंख, स्वर्णनाभ तथा गोरोचन आदि मंगलकारी वस्तु सदा घर में रहनी चाहिए।

विशेष—यहाँ समृद्धिद्योतक तथा समय पर काम आने वाली वस्तुओं का संग्रह है जिससे अनेक प्रकार की समस्याओं का समाधान होता है। अतः घर में ये संग्रहणीय माने गये हैं।

**इदं च त्वां सर्वपरं ब्रवीमि पुण्यं पदं तात महाविशिष्टम्।**
**न जातु कामान्न भयान्न लोभाद् धर्मं जह्याज्जीवितस्यापि हेतोः॥ 12॥**

हिन्दी—हे भाई! यह तुम्हें उत्तम पद को प्राप्त कराने वाली विशिष्ट

बात कहता हूँ कि पुरुष काम, भय और लोभ से प्राणों की रक्षा के लिए धर्म का परित्याग न करे।

विशेष—'धर्मो रक्षति रक्षितः' अर्थात् धर्म की रक्षा होने पर धर्म हमारी रक्षा करता है। इसलिए धर्म को सर्वोपरि मानकर ही हरिश्चन्द्र, युधिष्ठिर इत्यादि राजाओं ने अपने प्राणों, जीवनों और धनों की बाज़ी लगाकर धर्म की रक्षा की थी।

**नित्यो धर्मः सुखदुःखे त्वनित्ये जीवो नित्यो हेतुरस्य त्वनित्यः।**
**त्यक्त्वा नित्यं प्रतितिष्ठस्व नित्ये सन्तुष्य त्वं तोषपरो हि लाभः॥ 13॥**

हिन्दी—हे राजन्! इस लोक में धर्म ही नित्य वस्तु है और सुख-दुःख अनित्य हैं। जीव नित्य है, परन्तु इसका हेतु अनित्य है। इसलिए अनित्य को छोड़कर नित्य वस्तु में लग जाओ, क्योंकि संतुष्ट होकर रहना सर्वश्रेष्ठ लाभ है।

**महाबलान् पश्य महानुभावान् प्रशास्य भूमिं धनधान्यपूर्णाम्।**
**राज्यानि हित्वा विपुलांश्च भोगान् गतान्नरेन्द्रान् वशमन्तकस्य॥ 14॥**

हिन्दी—हे राजन्! उन महाबलशाली उदारचेता राजाओं को देखो, जो धन-धान्य से परिपूर्ण इस पृथ्वी का शासन करके राज्य और महान् भोगों को छोड़कर काल के गाल में समा गये।

विशेष—अनेक चक्रवर्ती सम्राट् भोगकर चले गये, किन्तु इनके साथ यह पृथ्वी नहीं गयी। लेकिन उनका यश पृथ्वी पर अविचल रूप से चल रहा है। हे धृतराष्ट्र! यह पृथ्वी तुम्हारे साथ भी नहीं जायेगी, इसलिए समता का व्यवहार करो और धर्म के अनुसार दायभाग युधिष्ठिर को दे दो। यही कल्याणकारक होगा।

**मृतं पुत्रं दुःखपुष्टं मनुष्या उत्क्षिप्य राजन् स्वगृहान्निर्हरन्ति।**
**तं मुक्तकेशाः करुणं रुदन्ति चितामध्ये काष्ठमिव क्षिपन्ति॥ 15॥**

**अन्यो धनं प्रेतगतस्य भुङ्क्ते वयांसि चाग्निश्च शरीरधातून्।**
**द्वाभ्यामयं सह गच्छत्यमुत्र पुण्येन पापेन च वेष्ट्यमानः॥ 16॥**

हिन्दी—मनुष्य दुःख उठाकर मृत पुत्र को उठाकर अपने घर से बाहर ले जाते हैं। स्त्रियाँ केश खोलकर करुणापूर्वक रोती हैं। चिता के बीच में

लकड़ी रख देते हैं और उसके धन को दूसरा भोगता है। उसके शरीर को गीध, कौआ आदि पक्षी खाते हैं। यह पुण्य-पाप से लिपटा हुआ दूसरे लोक को जाता है।

विशेष—इस मृत्युलोक में जो आया वह मरकर चला गया। केवल वह पाप-पुण्य ले जाता है और सुयश को इस संसार में छोड़ जाता है। ऐसी स्थिति में शाश्वत वस्तु के विषय में चिन्तन करना चाहिए, क्षणभंगुर के विषय में नहीं। इस शीर्यमाण शरीर के विषय में बताकर विदुर धृतराष्ट्र को यश में लगाना चाहते हैं।

**उत्सृज्य विनिवर्तन्ते ज्ञातयः सुहृदः सुताः।**
**अपुष्पानफलान् वृक्षान् यथा तात पतत्रिणः॥ 17॥**

हिन्दी—हे भाई! सम्बन्धी, मित्र और पुत्र छोड़कर लौट जाते हैं; जैसे फूलों-फलों से रहित वृक्ष को पक्षियाँ छोड़ देते हैं।

**अग्नौ प्रास्तं तु पुरुषं कर्मान्वेति स्वयं कृतम्।**
**तस्मात्तु पुरुषो यत्नात् धर्मं सञ्चिनुयाच्छनैः॥ 18॥**

हिन्दी—मरने के पश्चात् शरीर के आग में जल जाने के बाद स्वयं किया गया धर्माधर्म ही पुरुष के साथ जाता है। इसलिए धीरे-धीरे यत्नपूर्वक धर्म का संग्रह करना चाहिए।

विशेष—धर्म का संग्रह हठात् नहीं करना चाहिए। इससे उसे कष्ट होता है। धीरे-धीरे करने से उसके स्वभाव में धर्म के प्रति दृढ़ता और आचरण परिपक्व हो जाता है, हठात् किया गया धर्माचरण दुःख के एक झटके में ही अलग हो जाता है।

**अस्माल्लोकादूर्ध्वममुष्य चाधो महत्तमस्तिष्ठति ह्यन्धकारम्।**
**तद्वै महामोहनमिन्द्रियाणां बुध्यस्व मा त्वां प्रलभेत राजन्॥ 19॥**

हिन्दी—हे राजन्! इस लोक से ऊपर-नीचे बहुत घना अन्धकार है। वह निश्चित ही इन्द्रियों को महामोह देने वाला है, तुम्हें वह प्राप्त न हो।

विशेष—यह पृथ्वीलोक है, इसके ऊपर भुवः, स्वः, महः, जन, तप आदि लोकों का वर्णन है। नीचे अतल, वितल, सुतल, तल, तलातल, रसातल एवं पाताल इत्यादि लोक हैं। ऊपर में कर्मों का सुखभोग और नीचे के

लोकों में दुःखों का भोग होता है। केवल पृथ्वी पर ही धर्माधर्म-विचार और कर्म-संचय होता है, अन्यत्र नहीं। इसलिए सर्वश्रेष्ठ मनुष्यलोक ही है, जहाँ देवगण भी आने के लिए ललचते हैं। उसमें भारतवर्ष का महत्त्व सर्वोपरि है।

**इदं वचः शक्ष्यसि चेद् यथावन्निशम्य सर्वं प्रतिपत्तुमेव।**
**यशः परं प्राप्स्यसि जीवलोके, भयं न चामुत्र न चेह तेऽस्ति॥ 20॥**

हिन्दी—हे राजन्! यदि मेरे वचन को जानकर यथावत् जानने में सक्षम होंगे तो मनुष्यलोक में निश्चय ही यश प्राप्त होगा और परलोक में तुम्हें भय नहीं होगा।

**आत्मा नदी भारत पुण्यतीर्था सत्योदका धृतिकूला दयोर्मिः।**
**तस्यां स्नातः पूयते पुण्यकर्मा पुण्यो ह्यात्मा नित्यमलोभ एव॥ 21॥**

हिन्दी—हे धृतराष्ट्र! आत्मारूपी नदी का पुण्य तीर्थ है, सत्य जल है, धैर्य किनारा है तथा दया लहर है। उसमें स्नान करने के बाद पुण्यशील पुण्यकर्मा पवित्र हो जाता है। आत्मा नित्य और लोभरहित ही है।

**कामक्रोधग्राहवतीं पञ्चेन्द्रियजलां नदीम्।**
**नावं धृतिमयीं कृत्वा जन्मदुर्गाणि सन्तर॥ 22॥**

हिन्दी—हे राजन्! काम-क्रोधरूपी मगर वाली, पाँच इन्द्रियरूपी जलवाली तथा संसाररूपी नदी को धैर्यरूपी नौका बनाकर जन्मरूपी दुर्गों को पार करो।

**प्रज्ञावृद्धं धर्मवृद्धं स्वबन्धुं विद्यावृद्धं वयसा चापि वृद्धम्।**
**कार्याकार्ये पूजयित्वा प्रसाद्य यः सम्पृच्छेन्न स मुह्येत् कदाचित्॥ 23॥**

हिन्दी—जो पुरुष कार्य के विषय में सन्देह होने पर बुद्धि, धर्म, विद्या और अवस्था में वृद्ध अपने बन्धु का सत्कार एवं प्रसन्न करके पूछता है, वह कभी भी मोह को प्राप्त नहीं होता।

**धृत्या शिश्नोदरं रक्षेत् पाणिपादं च चक्षुषा।**
**चक्षुः श्रोत्रे च मनसा मनो वाचं च कर्मणा॥ 24॥**

हिन्दी—धैर्य से लिंग और उदर की रक्षा करे, नेत्र के द्वारा हाथ-पैरों की

रक्षा करे, मन के द्वारा नेत्र और कान की रक्षा करे तथा कर्म के द्वारा मन एवं वाणी की रक्षा करे। उदरपूर्त्ति एवं कामवासनाओं का दमन धैर्यपूर्वक से करे। नेत्र के द्वारा सम्यक् जानकर हाथ-पैरों से व्यापार करे। निन्दित कर्मों को देखने और सुनने में आँख-कान को न लगावे। मन-वाणी से अनुचित कर्मों का कथन एवं चिन्तन न करे।

**नित्योदकी नित्ययज्ञोपवीती नित्यस्वाध्यायी पतितान्नवर्जी।**
**सत्यं ब्रुवन् गुरवे कर्म कुर्वन् न ब्राह्मणश्च्यवते ब्रह्मलोकात्॥ 25॥**

हिन्दी—नित्य स्नान तथा सन्ध्या-वन्दन करने वाला, नित्य यज्ञोपवीत धारण करने वाला, नित्य स्वाध्याय करने वाला, पतित पुरुषों के अन्न एवं संसर्ग से दूर रहने वाला, सत्य बोलने वाला तथा गुरु की सेवा करने वाला ब्राह्मण ब्रह्मलोक से गिरता नहीं है।

विशेष—ब्राह्मणों का कर्म बड़ा प्रसिद्ध है। वह सदा लोकोपकार ही सोचता था। ब्राह्मण का उद्देश्य ज्ञान, तपस्या, अनन्तसुख एवं मोक्ष प्राप्त करने के लिए होता है। ब्राह्मण अपने कर्मों से पूजित है तथा उसका षट्कर्म प्रसिद्ध है। यज्ञोपवीत धारण करना ब्राह्मणों का चिह्न है। इसे जातिसूचक भी माना गया है तथा इसकी उत्पत्ति और बनाने की विशेष प्रक्रिया एवं सुगुप्त इतिहास है। जो शुभ्रता, शुचिता और मानसिक भावनाओं तथा वासनाओं का दमन करने का द्योतक है। इसलिए मनु ने कहा है कि ब्राह्मण कभी मरता नहीं है। वह तो अपना शरीर परिवर्तन करता है।

**अधीत्यवेदान्परिसंस्तीर्यचाग्नीनिष्ट्वा यज्ञैः पालयित्वाप्रजाश्च।**
**गोब्राह्मणार्थं शस्त्रपूतान्तरात्मा हतः सङ्ग्रामे क्षत्रियः स्वर्गमेति॥ 26॥**

हिन्दी—वेदों को पढ़कर, अग्नियों को चारों ओर से कुशाओं से ढककर, यज्ञों से यजन कर, प्रजाओं का विधिवत् पालन कर तथा गो-ब्राह्मणों के लिए शस्त्रों के द्वारा पवित्रात्मा युद्धभूमि में मारा गया क्षत्रिय स्वर्ग को जाता है।

विशेष—क्षत्रिय का अपनी स्वाभाविक एवं संगृहीत शक्ति के द्वारा प्रजा-पालन एवं राष्ट्र की रक्षा के लिए संग्राम में प्राण त्याग करना श्रेयस्कर माना गया है। उसी प्रकार प्रकृति एवं वायुमण्डल की शुद्धि के लिए यज्ञ

करना उचित है। गो एवं ब्राह्मण भारतीय संस्कृति के महत्वपूर्ण अंग हैं। एक से कृषिकार्य तथा प्रजा-पालन और दूसरे से राष्ट्र के रक्षण में सहायता मिलती है। अतः इन दोनों की रक्षा का भार क्षत्रिय के ऊपर है।

**वैश्योऽधीत्य ब्राह्मणान् क्षत्रियांश्च धनैः काले संविभज्याश्रितांश्च।**
**त्रेतापूतं धूममाघ्राय पुण्यं प्रेत्य स्वर्गे दिव्यसुखानि भुङ्क्ते ॥ 27 ॥**

हिन्दी–वैश्य वेदों को पढ़कर, समय आने पर ब्राह्मण, क्षत्रिय और आश्रितों में धनों को बाँटकर, तीन अग्नियों से उठे हुए धुएँ को सूँघकर तथा मरकर स्वर्ग में दिव्यसुखों को भोगता है।

विशेष–अग्नियाँ पाँच प्रकार की होती हैं, जिनके नाम आह्वनीय, गार्हपत्य, दक्षिणाग्नि, आवसथ्य और संभ्य हैं। उसमें ब्राह्मणों को पाँचों प्रकार का अनुष्ठान करने का विधान है। लेकिन वैश्यों के लिए तीन प्रकार का उपयोग माना गया है। क्योंकि प्रथम तीन अग्नियों का नित्य-नैमित्तिक श्रौतयज्ञ होते हैं। आवसथ्य से गृहस्थ के संस्कार किये जाते हैं और अध्ययनान्त आचार्य विद्यादान के बाद जिसका प्रयोग करता है, उसे सभ्याग्नि माना गया है।

**ब्रह्म क्षत्रं वैश्यवर्णं च शूद्रः क्रमेणैतान्न्यायतः पूज्यमानः।**
**तुष्टेष्वेतेष्वव्यथो दग्धपापस्त्यक्त्वा देहं स्वर्गसुखानि भुङ्क्ते ॥ 28 ॥**

हिन्दी–ब्राह्मण, क्षत्रिय और वैश्य की क्रमशः सेवा करता हुआ शूद्र इनकी प्रसन्न्ता से स्वयं दुःखरहित होकर स्वर्ग के सुखों को भोगता है।

विशेष–भारतीय संस्कृति में वर्णव्यवस्था बहुत युक्तिसंगत है। इसमें कोई कर्म बड़ा-छोटा नहीं, अपने-अपने कर्म में अभिरत मनुष्य परम श्रेय प्राप्त करता है। धन-संग्रह वैश्य का कार्य माना गया है, लेकिन वह धन स्व के लिए नहीं अपितु तीनों वर्णों का रक्षण और समाज रक्षण के लिए होता है। वर्ण, समाज और राष्ट्र एक-दूसरे के पूरक हैं, बाधक नहीं।

**चातुर्वर्ण्यस्यैष धर्मस्तवोक्तो हेतुं चानुब्रुवतो मे निबोध।**
**क्षात्राद् धर्माद्धीयते पाण्डुपुत्रस्तं त्वं राजन् राजधर्मं नियुङ्क्ष्व ॥ 29 ॥**

हिन्दी–हे राजन्! मैंने जिस कारण इन चारों वर्णों के धर्मों का वर्णन किया है, उसका कारण तुम मुझसे सुनो। पाण्डुपुत्र युधिष्ठिर क्षत्रिय धर्म

से हीन हो रहा है, उसे तुम प्रजा-पालन रूप क्षत्रिय धर्म में लगा दो तथा उसका राज्य उसे दे दो।

**धृतराष्ट्र ने कहा–**

**एवमेतद्‌ यथा त्वं मामनुशासति नित्यदा।**
**ममापि च मतिः सौम्यः भवत्येवं यथात्थ माम्‌॥ 30॥**

हिन्दी–हे विदुर! जैसे तुम मुझसे नित्य कहते हो, उसी प्रकार मेरी भी बुद्धि वैसी ही होती है, अर्थात्‌ मैं भी पाण्डवों को राज्य देना चहाता हूँ।

**सा तु बुद्धिः कृताप्येवं पाण्डवान्‌ प्रति मे सदा।**
**दुर्योधनं समासाद्य पुनर्विपरिवर्तते॥ 31॥**

हिन्दी–हे विदुर! पाण्डवों के प्रति मेरी भी बुद्धि सदा ऐसी ही होती है कि उसका राज्य लौटा दूँ, परन्तु दुर्योधन के कारण मेरी मति पुनः बदल जाती है।

**न दिष्टमभ्यतिक्रान्तुं शक्यं भूतेन केनचित्‌।**
**दिष्टमेव ध्रुवं मन्ये पौरुषं तु निरर्थकम्‌॥ 32॥**

हिन्दी–भाग्य को बदलने में कोई प्राणी समर्थ नहीं है। मैं भाग्य को ही बलवान्‌ मानता हूँ, पुरुषार्थ निरर्थक है।

विशेष–धृतराष्ट्र का यह कथन उचित नहीं है। कर्म और भाग्य में अन्योन्याश्रय सम्बन्ध है। भाग्य के भरोसे जीने वाला कर्म-विमुख क्या इस संसार में सब कुछ पा लेगा? कदापि नहीं। उद्योगी पुरुष यथाशक्ति कर्म का निर्वाह करने के बाद भाग्याश्रित होते हैं। यही कर्म-सिद्धान्त है। कभी यथाशक्ति कर्म करने के बाद भी फल नहीं मिलता है, उसे भाग्याधीन माना जा सकता है। अतः पूर्व में किये गये कारणों में ही दोष मानकर फलप्राप्ति बाधक है–ऐसा मानना चाहिए।

यहाँ हताश भाग्यवादी धृतराष्ट्र पुत्रमोह में लिप्त है तथा राजा के कर्तव्य से विमुख हो रहा है, जिसका परिणाम सामने है। उसी के पुत्रमोह के कारण इस भव्य भारतवर्ष का सर्वस्व स्वाहा हो गया। उन्होंने अपने सामने ही सब पुत्रों की विनाशलीला सुनी। इतिहास साक्षी है कि जब कोई ग़लती करता है तो उसे भोगना पड़ता है। भारतवासी ने धृतराष्ट्र के पुत्रमोह

और दुर्योधन की हठवादिता के कारण अपना अस्तित्व गँवा दिया। यदि यही भाग्य है तो शास्त्रकारों को कभी स्वीकार्य नहीं है। शास्त्र तो मंगलमय भविष्य की शुभकामना करता है।

**॥ अष्टम अध्याय समाप्त ॥**

# श्लोकानुक्रमणिका